D1866813

STEINKOPF

REIZ DES VERBOTENEN

ZU KLAMPEN

Reihe zu Klampen Essay
Herausgegeben von
Anne Hamilton

Leander Steinkopf, geboren 1985, ist Essayist und Erzähler, Wissenschaftsjournalist und Redenschreiber, promovierter Psychologe sowie Autor und Herausgeber mehrerer Bücher. Nach Stationen in Mannheim, Berlin, Sarajevo und Plovdiv lebt er mit seiner Familie in München. Texte von ihm erscheinen etwa in »Merkur« und »Sinn und Form«, »FAZ« und »taz«, »Welt« und »SZ«, auf »Zeit Online« und in der »Neuen Zürcher Zeitung«.

LEANDER STEINKOPF

Der Reiz des Verbotenen

Über die Freiheit jenseits des Erlaubten

zu Klampen ESSAY

Inhalt

Getreide, Himbeeren, Cannabis: eine Einführung in drei Erinnerungen · 9

1. Ein Übertritt hinterlässt Spuren: warum ein Bett im Kornfeld in Erinnerung bleibt · 9

Gründe für die Übertretung · 17

2. Weisheit der Schwarzfahrer: die Evolution der Übertretung · 17

3. Fear and Loathing in Las Vegas: Regelbruch als großer Coup · 26

4. Zwergenweitwurf: wie man einen Moralphilosophen zur Weißglut treibt · 31

5. Autonomes Fahren und autonome Menschen: wie man im Umgang mit Regeln zum freien Subjekt wird · 37

6. Blaumachen und Glücklichsein: Übertretung als Schritt zur Selbstliebe · 42

7. Tyrannenmord und ziviler Ungehorsam: Übertretung aus moralischen Gründen · 48

Erwünschtheit der Übertretung · 59

8. Mile High Club:
die Pflicht zur Übertretung · 59

9. Ein ehrenwertes Haus:
Nonkonformismus als Selbstvergewisserung · 67

10. The Bad Touch: wie sexuelle Tabus
die Erotik erst ermöglichen · 71

11. Verbotene Liebe:
warum man zusammen Pferde stiehlt · 77

Gesellschaftliche Funktion
der Übertretung · 83

12. Schwänzen, Spicken und
Zu-spät-Kommen: Schule und Jugend
als Versuchslabor für Übertretungen · 83

13. Jenseits des Tempolimits:
die kontrollierte Übertretung als Ventil · 92

14. Hochstapelei als Gesellschaftskritik:
die Übertretung als Mittel der Aufklärung · 96

15. Ehebrecher auf der Kirchenbank:
warum Regelbrüche absichtlich
übersehen werden · 103

16. Kein Dienst nach Vorschrift:
der diskrete Charme der Bürokratie · 109

17. Warum arbeiten die Arbeiter?
Um zu bummeln und Büromaterial zu klauen · 115

Innovation durch Übertretung · 123

18. Naturgesetze brechen:
wissenschaftlicher Fortschritt
jenseits des Erlaubten · 123

19. Hofdamen und Hipster:
wie man durch Regelbrüche
die Mode bestimmt · 130

20. Wertewandel und
Menschwerdung: Schierlingsbecher
und verbotene Früchte · 135

Ersatzbefriedigung · 141

21. Ich war noch niemals in New York:
vom Regelbruch träumen,
statt ihn zu wagen · 141

22. Durchs wilde Kurdistan:
Die Fiktion zeigt das Menschliche
jenseits des Erlaubten · 144

23. Bluff für brave Bürger:
Übertretungsersatz im Spiel · 151

24. Could I eat your ass?
Popkonsum als Bohème-Beteiligung · 158

Der Erhalt der Übertretung · 165

25. Talent zur Grenzüberschreitung:
wie man sich eine Tür offenhält · 165

26. Meeresfrüchte als Kindheitstraum:
vom Nutzen der Sitten für die Übertretung · 172

27. Casanova in Paris:
die Freiheit des Verbots · 180

Getreide, Himbeeren, Cannabis: eine Einführung in drei Erinnerungen

1. Ein Übertritt hinterlässt Spuren: warum ein Bett im Kornfeld in Erinnerung bleibt

Am 2. April 1995, dem Tag, an dem Jürgen Drews 50 Jahre alt wurde, saß ich bei meiner Mutter im Auto, auf dem Weg zum Einkaufen oder von der Grundschule nach Hause, und im Radio lief eine Call-in-Show. Uneheliche Kinder des Schlagersängers mit Playboy-Image sollten anrufen, sich zu ihrem Vater bekennen, das vermutliche Zeugungsdatum nennen und durften sich dann einen Song von ihm wünschen. Es war der Humor der 90er. Weder kannte ich Jürgen Drews, noch wusste ich, was uneheliche Kinder sind. Die Sendung jedenfalls wurde wohl bald abgebrochen, denn alle unehelichen Kinder – ausnahmslos Frauen – wünschten sich immer dasselbe Lied. Jürgen Drews kannte ich nicht, aber dieses Lied schon: »Ein Bett im Kornfeld, das ist immer frei, denn es ist Sommer, und was ist schon dabei«. Und selbstverständlich wurde Jürgen Drews' Lied auch ohne die Hilfe seiner unehelichen Nachkommen ständig gespielt, ja es war schon lange zu einer Art Volkslied geworden, das man auch im Kinderchor und im Musikunterricht sang. Man kann die Zeilen kaum lesen, ohne die Melodie zu hören. Und die Sehnsucht, die es in den Menschen befriedigt, ist sicher nicht die nach einer Nacht auf unebenem Acker mit stechendem Stroh. Es ist die kleine Übertretung, die das Lied interessant macht.

In einer der frühesten Erinnerungen, die ich an meinen Vater habe, hob er mich an einem Maschendrahtzaun hoch und wollte, dass ich mit meinen kleinen Händen hindurchgreife, um beim Nachbarn Himbeeren zu pflücken. Ich weigerte mich, sagte, dass man das nicht dürfe, doch mein Vater erklärte mir, dass man so viel pflücken darf, wie man essen kann. Man nenne das Mundraub, und das sei erlaubt. Also steckte ich meinen kleinen Arm durch eine Zaunmasche und erntete die Himbeeren in die große Hand meines Vaters. Bald hatten wir zwei Hände voll mit Himbeeren, mein Mund war rot verschmiert, ich hatte ein neues Wort gelernt und eine Erfahrung gemacht, die ich erst viel später durchschaute, Meine Hand passte durch den Maschendrahtzaun, und selbst eine universelle Regel konnte ein Schlupfloch haben. Ich kann mich nicht mehr erinnern, wie es war, jedes Jahr aufs neue die Früchte unseres eigenen Pflaumenbaums zu ernten, aber an das eine Mal, als wir Himbeeren klauten, erinnere ich mich genau. Durch die kleine Übertretung war das triviale Ereignis mit einem Eselsohr versehen. Und egal, ob es Äpfel, Birnen, Kirschen oder eben Himbeeren sind: Beim Nachbarn Obst zu klauen, ist ein so selbstverständlicher Teil der Kindheit, dass es schon zum Klischee geronnen ist.

Als ich vor Jahren, kaum volljährig, das erste Mal Amsterdam besuchte, konnte ich nicht vermeiden, es mit der mir bekannten Kleinstadt und den nahegelegenen kleineren Großstädten hinsichtlich eines Aspekts zu vergleichen: Ist man hier freier? Auf den ersten Blick sollte die Antwort klar sein. Das in der Jugend so mystifizierte Kiffen war in Amsterdam erlaubt, begünstigt und jederzeit möglich, während sich das System von Rechten und Freiheiten ansonsten nicht groß von dem deutschen unterschied: ein Mehr an Freiheit also! Und doch empfand ich es nicht so.

Um von meiner nicht gerade innenstädtischen Unterkunft in einem auf einem Campingplatz geparkten Kombi ins Zentrum zu kommen, musste ich die S-Bahn nehmen. Selbstverständlich kaufte ich mir dafür eine Fahrkarte. Aber mir fiel auch auf, dass ich diesbezüglich gar keine Wahl hatte, denn während man in Deutschland einfach einsteigen durfte, hinderten hier mannshohe Drehtüren alle am Zutritt zum Bahnhof, die kein Ticket vor den Sensor halten konnten. Von der Regellage war alles wie in Deutschland: Hier wie dort ist das Fahren ohne Ticket verboten. In Amsterdam war das Fahren ohne Ticket aber nicht bloß verboten, sondern so gut wie unmöglich.

Dann, in der Amsterdamer Innenstadt angekommen, war ich schon nach einem bloßen Spaziergang durch das einschlägige Viertel so benommen, dass ich keinen Coffeeshop suchte, sondern tatsächlich einen Kaffee. Hatte es mir hier nach Freiheit ausgesehen, wo man an jeder Ecke das damals in Deutschland verbotene Gras und Dope erwerben, es an jeder Ecke verbauen und verrauchen konnte? Nein, das Freiheitspathos, das in meiner Jugend mit der Droge verbunden war, hatte sich im dichten Rauch aufgelöst. Der sanfte Regelverstoß, den man in Deutschland mit dem Kiffen verband, das zwar untersagt war, aber irgendwie doch geduldet wurde, stand einem hier nicht offen. Es bestand keine Notwendigkeit, sich zu verstecken, nicht die geringste Heimlichkeit war nötig. Indem man sich einen Joint anzündete, löste man sich nicht aus den Zusammenhängen, sondern fügte sich nur mehr in die Masse. Der Regelübertritt war unmöglich geworden, weil man die Regel einfach gestrichen hatte.

Im gängigen Verständnis von Freiheit, das den Möglichkeitsraum des Erlaubten betrachtet, war Amsterdam der Ort der größeren Freiheit. Doch das tief empfundene Gefühl von Freiheit, das darin besteht, die Regeln zu übertreten, auszubrechen, war hier auf zwei Arten beschnitten: einerseits indem die Regel durch eine unüberwindbare Drehtür untermauert wurde, die den Bruch der Regel verhinderte, andererseits durch liberales Erlauben, das den Raum des Legalen weitete und so den Reiz des Verbotenen tilgte.

Anders erlebte ich es in Berlin. Die Chausseestraße war auf Höhe des Oranienburger Tors abgesperrt, kurz bevor sie zur Friedrichstraße wird. Ich ging weiter Richtung Süden und hörte in der Ferne Techno, und bald stieg mir ein Geruch in die Nase: Cannabisrauch über die volle Breite der Prachtstraße. Dann sah ich gepanzerte Polizisten, die einem Demonstrationszug vorangingen und ihn in losem Abstand flankierten. Es war ein Marsch für die Legalisierung von Cannabis. Vor allem junge Leute, zu einem Großteil Schüler, hielten ihre selbstgemalten Transparente oder die Plakate hoch, die ihnen die Zeugwarte linker Parteien zur Verfügung gestellt hatten. Ich – dessen Jugend auf dem Land stattgefunden hatte und auch schon eine Weile zurücklag – wunderte mich nur, dass dieser Umzug von Kiffern sich offensichtlich für hektischen Techno begeisterte, ansonsten kam mir das alles sehr bekannt vor. Dieser kleine Gesetzesänderungswunsch zu größter Bedeutung aufgeblasen, außerdem das rebellisch-avantgardistische Selbstverständnis der Demonstranten, über zwanzig Jahre früher war es nicht anders gewesen. Tausende demonstrierten hier, forderten die Legalisierung des Kiffens, aber alle kifften sie ungeniert in der Öffentlichkeit. Und ich fragte mich, wenn sie unter direkter Überwachung einer Polizeihundertschaft unbehelligt kiffen können, was sollte dann die Erfüllung ihrer Forderung noch für erlebbare Veränderungen bringen?

Ich dachte mir sodann, dass eine Legalisierung die Lage nur verschlechtern würde, denn damit wäre eine Großdemonstration, wie sie hier stattfand, unnötig und unmöglich. Das gute Gefühl von Avantgarde und Rebellion, die Widerständigkeit des wilden Lebens, all dies würde verfliegen, wäre alles erlaubt. Obendrein wäre die nun noch für selbstverständlich genommene Solidarität, die das gemeinsame Anliegen erzeugte, dahin. Was sollte diese Menge der Verschiedenen noch einen, wenn ihr großes Ziel erreicht wäre? Damals auf dem Land, wo für jede Subkultur die kritische Masse fehlte, fanden sich die Punks, die Rastas, die Hiphopper und die Alternativen in den üblichen Verstecken zum Kiffen zusammen. Und auch hier auf der Berliner Chausseestraße sah ich ein Durcheinander der Stile dicht an dicht. Es ist doch wunderbar, dass sie hier kiffend für legales Kiffen demonstrieren können, dachte ich mir, und es wäre furchtbar, wenn man ihnen diese Erfahrung durch Erlaubnis nähme. Wir werden sehen.

Die Freiheit jenseits des Erlaubten ist ein Faszinosum des erfüllten Lebens, der Reiz des Verbotenen ist eine rätselhafte Kraft. Dieses Buch wird sich mit den Fragen beschäftigen, was am Verbotenen reizt, wieso Regelbrüche unsere Aufmerksamkeit erregen und in Erinnerung bleiben, wie Übertretungen unserem Leben Bedeutung verleihen, unsere Individualität und Autonomie entwickeln helfen und darüber hinaus sogar die Gesellschaft am Laufen halten.

Gründe für die Übertretung

2. Weisheit der Schwarzfahrer: die Evolution der Übertretung

Welch einen Unterschied macht es, seinen Fahrschein vor dem Einsteigen zu entwerten oder eben nicht: Solange man sich im Erlaubten bewegt, bewegt man sich innerhalb des Verlässlichen. Mit einem gültigen Fahrschein muss man nichts befürchten, seiner Umwelt keine weitere Beachtung mehr schenken. Ganz anders als Schwarzfahrer, so John von Düffel und Klaus Siblewski in »Wie Dramen entstehen«[1]:

»Wer ohne Ticket unterwegs ist, reist mit der Angst oder auch dem Kitzel der Gefahr, erwischt zu werden. Bei jedem Halt, jedem Ein- und Aussteigen mustert er die neuen Fahrgäste – jeder von ihnen könnte ein Kontrolleur in Zivil sein, der im nächsten Moment seinen Ausweis zückt und die Fahrkarten verlangt. Der Schwarzfahrer in der U-Bahn kann es sich nicht leisten, die Leute um ihn herum zu ignorieren, er fragt sich ständig, mit wem er es zu tun hat, welche Gefahr von diesem oder jenem Unbekannten ausgeht, und er beobachtet jede noch so kleine Bewegung oder Veränderung im Abteil messerscharf.«

---

1 John von Düffel, Klaus Siblewski: Wie Dramen entstehen. Luchterhand Verlag, München 2012, S. 113 f.

Schwarzfahren verlangt Wahrnehmung, Einfühlung, Bereitschaft; es ist eine geschärfte Form der Existenz. Dieser Geisteszustand wird in der gegenwärtigen westlichen Zivilisation kaum noch abgerufen, und doch gehört er zum Menschsein dazu. Wie edel funkelt die geistige Klarheit während einer zehnminütigen Schwarzfahrt, wie stumpf starrt im Vergleich der legale Sitznachbar in sein Smartphone. Natürlich ist die Minimierung von Gefahr und Unberechenbarkeit eine große Errungenschaft unserer modernen Zivilisation, trotzdem lebt in ihr immer noch jene Gattung Mensch, deren Sinne schärfer werden, wenn ein nagender Hunger schnell nach Nahrung verlangt, die wach und wachsam wird auf fremdem Gebiet, die blitzschnell urteilen und fliehen kann, wenn Gefahr für Leib und Leben besteht. Es ist wunderbar, dass wir diese Fähigkeiten kaum noch brauchen, und es wäre wünschenswert, sie in Zukunft noch weniger brauchen zu müssen. Dennoch bleiben sie uns erhalten, sie gehören zu unserem Menschsein. Beim Schwarzfahren können wir dies erleben, uns vollständiger fühlen, ohne uns einer ernstzunehmenden Gefahr auszusetzen.

Doch nicht nur auf die Unsicherheit, die wir jenseits des Erlaubten vorfinden, sind wir durch unsere Anlagen vorbereitet. Auch der Reiz des Verbotenen lässt sich als Ergebnis unserer biologischen Evolution betrachten. Die meisten Tiere können nichts Verbotenes tun, weil sie keine Regeln kennen. Vor dem Verbotenen und dem Reiz der Übertretung steht also die Evolution der Regelhaftigkeit. Das ist ein großes Thema in der Evolutionsforschung, zeichnet sich der Mensch doch vor allem durch seine Fähigkeit zum geordneten Zusammenleben in großen Gruppen aus. Die Gruppe brachte in der Evolutionsgeschichte viele Vorteile, da sich auf Aufgaben spezialisiert werden konnte, Risiken gestreut wurden und intensive Kooperation möglich war. Die Vorteile des Zusammenlebens in der Gruppe haben im Prozess der biologischen und kulturellen Evolution zu Rücksicht und Altruismus geführt, zu Fairness, Moral und Einigung auf Regeln. Es galt, den Egoismus einzuhegen, damit das Zusammenleben in der Gruppe funktioniert, letztlich zum Vorteil jedes einzelnen. Trotzdem ist der Egoismus nicht restlos wegevolviert. Tatsächlich profitiert das Individuum, was sich selbst den Übertritt herausnimmt, während die anderen sich an die Regeln halten. Diese Fähigkeit zum Regelbruch ist jedoch nicht bloßes Überbleibsel der tierischen Normlosigkeit, es ist eine neue Fähigkeit, die sich erst dadurch herausbilden konnte, dass der Mensch in der Lage war, Normen zu entwickeln und zu befolgen. Das normlose Verhalten ist tierisch, aber die Fähigkeit, Normen bewusst zu brechen, ist spezifisch menschlich. Ohne sich konkrete Gedanken zur Evolutionsgeschichte zu machen, fasste George Bataille diesen Sachverhalt so zusammen:

»Auf dem Weg der Verbote trennte sich der Mensch vom Tier. Er versuchte dem exzessiven

Spiel des Todes und der Fortpflanzung (der Gewalt), in deren Macht das Tier sich ganz und gar befindet, zu entrinnen. Doch auf dem sekundären Weg der Überschreitung näherte sich der Mensch dem Tier wieder an.«[2]

In der Wissenschaft weckt aus guten Gründen vor allem das normkonforme Verhalten Interesse. Es bleibt eine Herausforderung zu erklären, wie die Evolution eine Einhegung des Egoismus zuwege bringen konnte, handelt doch die herkömmliche Darwin'sche Erzählung von Existenzkampf und Überleben des Stärkeren. Die Frage nach Normen und Kooperation fasziniert also durch ihre Schwierigkeit. Gleichzeitig sind Kooperation und die Ausrichtung an Normen die entscheidende Voraussetzung für unsere eigentliche Menschwerdung, für die komplexen Gesellschaften, in denen wir leben. Widmet sich die Forschung doch einmal dem Bruch von Normen, dann geht es darum, wie dieser unterbunden und Stabilität gewährleistet werden könne. So gibt es reichlich Forschung zu den menschlichen Fähigkeiten, die dazu dienen, sogenannte free rider dingfest zu machen, also jene Individuen, die sich Normen und Kooperation entziehen. Zahlreiche Studien der evolutionären Psychologie und der Verhaltensökonomie widmen sich unserer Sensibilität

---

2 George Bataille: Die Erotik. Aus dem Französischen von Gerd Bergfleth. Matthes & Seitz, Berlin 2020 (1957) S. 115 f.

für Regelbrüche und unserer Motivation, diese zu sanktionieren. Und tatsächlich ist man zu der Erkenntnis gekommen, dass wir eine besonders feine Wahrnehmung haben, wenn es darum geht, Regelbrecher zu identifizieren, und dass wir eine starke Motivation haben, diese zu bestrafen, selbst wenn es uns etwas kostet. Psychologen und Ökonomen interessieren sich hingegen kaum für die Herausbildung von Fähigkeit und Motivation, sich Übertritte herauszunehmen und Vorteile zu erlangen, ohne dabei das filigrane Geflecht des gesellschaftlichen Miteinanders zu beschädigen.

Bei Schimpansen sind die Verhältnisse klar, da gibt es die dominanten Männchen, und ihnen stehen die Paarungen zu. Die Schimpansenweibchen sind nur empfängnisfähig und sexuell interessiert, wenn ihre Geschlechtsteile um den Zeitpunkt des Eisprungs sichtbar rot anschwellen. In dieser Zeit bekommen sie die besondere Aufmerksamkeit der Alpha-Männchen, die Mitbewerber attackieren, die es wagen, sich dem Weibchen zu nähern. Trotzdem haben die Weibchen mit anderen Männchen Sex, allerdings heimlich. Und verfügen dafür über ihre eigenen Methoden. Sie achten darauf, dass ein Busch, Baum oder Stein den Akt aus dem Blickfeld des Anführers rückt. Die subalternen Männchen haben die Fähigkeit, ihre Erektion rasch zu verstecken, sollte das Alpha-Männchen doch einen Blick werfen.

Frans de Waal berichtet etwa von der Schimpansendame Oor, die gegen Ende des Geschlechtsverkehrs weithin hörbar aufschreit, allerdings nur, wenn sie mit dem Alpha-Männchen kopuliert.[3] Hat sie Sex mit anderen Männchen, zeigt sie beim Höhepunkt weiterhin den Gesichtsausdruck eines Schreis – gebleckte Zähne, offener Mund –, bleibt aber still, dabei den Eindruck erweckend, stärkste Emotionen mit größter Mühe zu kontrollieren. Von Dandy, dem jüngsten und niederrangigsten Erwachsenen in der Gruppe, berichtet de Waal, dass er mit der Dame seiner Wahl ein paar vielsagende Blicke austauscht, woraufhin beide wie zufällig in dieselbe Richtung davongehen und sich mit etwas Glück versteckt hinter Bäumen wiedertreffen. Luit wiederum präsentiert gerade einem Weibchen seinen erigierten Penis, als er bemerkt, dass Alpha-Männchen Nikkie sich mit einem Stein bewaffnet von weit hinten nähert. Luit schaut sich immer wieder nach dem sich nähernden Nikkie um, blickt dann wieder zu seinem Penis, der langsam erschlafft. Erst als die Erektion verschwunden ist, dreht Luit sich um, geht auf Nikkie zu, schnüffelt unschuldig an dem Stein und verschwindet.

Subalterne Männchen haben einen Vorteil aus dieser Möglichkeit des Betruges, da sie sich fort-

---

3 Frans de Waal: Chimpanzee Politics. Johns Hopkins University Press, Baltimore 1998 (1982), S. 36 f.

pflanzen können, auch ohne an der Spitze der Hierarchie zu stehen. Die Weibchen haben dadurch Vorteile, weil sie mit der genetischen Vielfalt ihres Nachwuchses das Risiko streuen, und außerdem, weil sie und ihre Nachkommen bei nicht ganz klarer Vaterschaft von weniger Männchen in der Gruppe Aggressionen fürchten müssen.

Es ist unklar, ob dieser heimliche und verbotene Liebesakt für Schimpansen besonders erregend ist, bei Menschen scheint es jedenfalls so zu sein. So hat die Psychotherapeutin Esther Perel in ihrer Praxis unzählige Geschichten von Affären und Seitensprüngen gehört und weiß, was sie alle gemeinsam haben.

»Mit einer Affäre schlägt man einen Weg ein, der risikoreich und gefährlich ist – aber auch das aufregende Kribbeln der Grenzüberschreitung für uns bereithält. [...] Fremdgeher berichten von ihren Abenteuern mit ähnlichen Worten: wiedergeboren, verjüngt, intensiviert, wiederbelebt, erneuert, lebhaft, befreit. [...] Die Lust am Leben, die solch eine Begegnung entfacht, erwischt einen mit unwiderstehlicher Kraft. Das geschieht oft weder geplant noch beabsichtigt. Das erotische Verlangen, das wir auf einmal spüren, rüttelt uns wach aus unserer Erstarrung und lässt uns den gewohnten Alltagstrott vergessen. Die Zeit scheint stehenzubleiben. Das unaufhaltsame Älterwerden angehalten. Wir sehen die Welt mit neuen Augen. Viele erzählen von verstärkten Sinneswahrnehmungen: Das Essen schmeckt besser, Musik klingt schöner als je zuvor und Farben sehen lebendiger aus.«[4]

Dabei scheint es nicht nur um den Reiz des Neuen, Anderen und Fremden zu gehen, sondern tatsächlich um den Reiz des Verbotenen. Selbst eine offene Beziehung beseitigt nicht den Reiz des Regelbruchs. Esther Perel stellt fest,

»dass wir, selbst wenn wir die Freiheit haben, uns anderen Sexualpartnern zuzuwenden, immer noch dem Reiz des Verbotenen erliegen. Monogamie liegt uns Menschen vielleicht nicht im Blut, Grenzen überschreiten dagegen mit Sicherheit. [...]

Die Regeln zu brechen ist aufregend und erotisch, egal ob diese ›gemeinsam bis ans Lebensende‹, ›Sex ist in Ordnung, aber verlieben nicht‹, ›Aber nur mit Kondom‹, ›Er darf aber nicht in dir kommen‹ oder ›Du kannst es mit anderen treiben, aber nur, wenn ich zuschaue‹ lauten. So gesehen gibt es auch in offenen Beziehungen viel Untreue und damit einhergehendes Chaos. Wenn die Grenzüberschreitung die eigentliche Motivation ist, dann wird es den Fremdgeher nicht davon abhalten, über den Zaun zu klettern, wenn das Tor offen ist.«[5]

Aber warum? Aus evolutionsbiologischer Sicht setzen sich Gene durch, welche die evolutionäre Fitness der Individuen steigern, die sie in sich tragen.

---

4 Esther Perel: Die Macht der Affäre. Verlag HarperCollins, Hamburg 2019 (2017), S. 44, 219, 222.

5 Ebd., S. 317.

In anderen Worten: Ein Gen, das für ein bestimmtes Merkmal codiert, was den Fortpflanzungserfolg steigert, wird dank dieses Fortpflanzungserfolgs in der nächsten Generation stärker vertreten sein. So könnte es auch mit den Genen sein, die anfällig für den Reiz des Verbotenen und die heimliche Sexualität machen. Stellt man sich die heimliche sexuelle Begegnung als etwas vor, das in der Menschheitsgeschichte immer wieder vorkam, und das den Beteiligten Vorteile brachte, dann könnte sich die Erregung der verbotenen Begegnung als evolutionärer Vorteil durchgesetzt haben. Mit der Erregung des Verbotenen kam man schneller zur Sache und schneller zum Ende und wurde so seltener entdeckt. Und die so Erregbaren zeugten mit höherer Wahrscheinlichkeit Nachwuchs, der dieses Merkmal weitertrug. So könnte sich der Reiz der verbotenen Sexualität in unsere Gene eingeschrieben haben.

Beim Reiz anderer Verbote wäre der biologische Selektionsmechanismus ähnlich. Das erstrebenswerte Verbotene ist mit einem besonderen Reiz markiert. Dieser besondere Reiz ist erforderlich, um zur Überschreitung der Norm zu motivieren, ohne dabei die Norm aus den Augen zu verlieren. Die besondere Aufregung und Aufmerksamkeit soll dem Erwischtwerden vorbeugen und präpariert für die Flucht. Der Regelbruch versetzt uns also in einen Zustand intensiven Wahrnehmens und Erlebens, einen Zustand hoher Energie, um der Entdeckung vorzubeugen und auf sie vorzubereiten. Und dieser intensive Zustand ist sicher um so attraktiver, je grauer und gleichförmiger unser Alltag ist.

3. Fear and Loathing in Las Vegas: Regelbruch als großer Coup

Im Sommer 1972 fuhr Hunter S. Thompson mit seinem »Anwalt« von Kalifornien nach Las Vegas, der Kofferraum des roten Chevrolet-Cabrios voll mit Drogen aller Art. »Wir hatten zwei Beutel Gras, fünfundsiebzig Kügelchen Meskalin, fünf Löschblattbögen extrastarkes Acid, einen Salzstreuer halbvoll mit Kokain und ein ganzes Spektrum vielfarbiger Upper, Downer, Heuler, Lacher ... sowie eine Flasche Tequila, eine Flasche Rum, einen Karton Budweiser, einen halben Liter unverdünnten Äther und zwei Dutzend Knick-und-Riech.« Man könnte angesichts dieses Proviants glauben, dass es sich hier zwei Männer einmal richtig gut gehen lassen wollen, aber das ist gleich zu Anfang weit gefehlt. Noch auf der Fahrt und am Steuer bekommt Thompson schlimmste Halluzinationen: »Der Himmel war voller Viecher, die aussahen wie riesige Fledermäuse, und sie alle stürzten herab auf uns, kreischend, wie ein Kamikaze-Angriff auf den Wagen, der mit hundert Meilen Geschwindigkeit und heruntergelassenem Verdeck nach Las Vegas fuhr.« Sie waren in höchster Eile, rechtzeitig im Hotel anzukommen, um die reservierten Zimmer für akkreditierte Journalisten zu beziehen: »Wenn wir nicht da angekommen waren, bevor wir jede Selbstkontrolle verloren, dann gab es da noch das Staatsgefängnis von Nevada in Carson City.«

Die beiden Männer werden im ganzen Buch, nämlich »Fear and Loathing in Las Vegas«,[6] nicht glücklich mit ihren Drogen. Am Hoteltresen angekommen, kippt Thompson wie auf Gummibeinen um, sieht, wie sich die Rezeptionistin in eine Muräne mit hervorstechenden Fangzähnen verwandelt, es folgen von Paranoia getriebene Jagdmesserspielereien, Selbstmordgelüste in der Hotelbadewanne, ein Drogenexzess nah am Herztod und vieles mehr. Die wenigen positiven Empfindungen, die berichtet werden, sind die Erleichterung, wenn ein Höllentrip sich langsam legt, oder wenn es erfolgreich gelingt, die unerträgliche Wirkung einer Droge durch die gegenpolige Wirkung einer anderen Droge einigermaßen auszugleichen. Da reisen also zwei Männer in den US-Bundesstaat mit den härtesten Drogengesetzen und versetzen sich dort mit einer solchen Menge und Mischung an Drogen, dass sie nicht einen Moment Freude daran haben. Warum tun sie das?

Thompson liefert im Buch selbst Erklärungsansätze. »Wir möchten den amerikanischen Traum finden«, sagt er zu einem zu Recht verängstigten

---

6 Hunter S. Thompson: Angst und Schrecken in Las Vegas. Aus dem Amerikanischen von Teja Schwaner. Heyne Verlag, München 2005 (1971).

Anhalter, den sie noch auf dem Weg nach Vegas mitnehmen, »es handelt sich um eine schicksalsschwere Aufgabe – mit einem Beiklang äußerster Gefahr«. Später erklärt Thompson den Trip noch als »die klassische Bestätigung aller richtigen und wahren und anständigen Eigenschaften unseres Nationalcharakters. Er war eine derbe, physische Ehrenbezeugung an die fantastischen *Möglichkeiten*, in diesem Land zu leben – aber nur für diejenigen mit wirklichem Mumm. Und davon hatten wir überreichlich.« Illegale Drogen, diese Freiheit jenseits des Erlaubten, sind ihnen also ein Ausdruck des Geistes der unbegrenzten Möglichkeiten. Die Gefahr, in die sie sich begeben, gleicht dem Wagnis der Frontier, dem Wilden Westen, dem Ort der wagemutigen Glückssucher. Nur erwartet Thompson auf dieser Reise kein Gold, das zu schürfen, kein Land, das in Besitz zu nehmen wäre. Es scheint also um den Wert des Abenteuers an sich zu gehen. In der friedlichen und prosperierenden Welt der frühen 1970er nimmt sich Thompson die Freiheit jenseits des Erlaubten, um dort Gefahr und Herausforderung zu finden, so wie noch hundert Jahre zuvor die Trapper, Schürfer, Siedler.

Später im Buch, das Wüstenrennen, von dem Thompson berichten sollte, ist schon vorüber und Thompson auf dem Heimweg nach Kalifornien, eröffnet sich eine neue Möglichkeit in Las Vegas, ein neuer Auftrag, ein neues Ereignis, von dem er für den »Rolling Stone« berichten soll: Die Bundeskonferenz der Bezirksstaatsanwälte hält ein viertägiges Seminar zu Narkotika und gefährlichen Drogen. Erst ist Thompson überzeugt, »ich hatte das Schicksal herausgefordert, wie man es in dieser Stadt nicht weiter herausfordern konnte ... ich war bis zum Äußersten gegangen. Und jetzt fühlte ich mich von Bluthundemeuten eingekreist; ich konnte die häßlichen Viecher schon fast riechen.« Aber kurze Zeit später konnte er die Sache schon wieder anders betrachten.

»Denn es gab ein Argument dafür zu bleiben. Ein trügerisches, saublödes und in jeder Hinsicht idiotisches – aber es war unmöglich sich der grotesken Attraktivität der Vorstellung zu entziehen, daß ein Gonzo-Journalist in den Klauen eines möglicherweise fatalen Drogenrausches eingeladen wird, die Bundeskonferenz der Bezirksstaatsanwälte über Narkotika und gefährliche Drogen zu besuchen und darüber zu schreiben.

Es lag ein perverser Reiz in dem Gedanken, [...] sich mit Presseausweis unter tausend hohe Polizisten aus ganz Amerika zu mischen, die einander über das Drogenproblem vollsabbelten.«

Es ist der große Coup, das unglaubliche Wagnis, die Situation gegen alle Wahrscheinlichkeit, die an dieser Übertretung reizt. Es ist der Reiz von Filmen wie »Wie klaut man eine Million Dollar«, »Mission Impossible« oder »Nur noch 60 Sekunden«, diese Frechheit, das Unmögliche möglich zu machen, die Eleganz und Chuzpe, mit der gegen die Regeln verstoßen wird. Es heißt, eine Untat zu begehen, die Zunge schnalzend als Kunstwerk anerkannt wird.

Neben der Aura dieser Frechheit an sich hat Thompson aber auch einen Ruf zu verteidigen, der wohl sein größtes Kapital ist, nämlich der des Hasardeurs und Krawallmachers. Ähnlich wie bei Mutproben unter Jugendlichen begibt sich Thompson auf einen waghalsigen Trip im doppelten Sinn und kultiviert dadurch die Reputation eines Draufgängers. Jedenfalls schüttelt er jeden Verdacht ab, ein Spießer zu sein.

Eine letzte und wohl die entscheidende Motivation rührt an den Kern von Thompsons Buch. Dessen Unterhaltungswert gründet nämlich vor allem darauf, wie oft man sich an den Kopf fasst, wie oft man erschrocken innehält, wie oft man auflachen muss ob der wahnwitzigen Entschlossenheit zur Selbstzerstörung, welche die beiden Protagonisten an den Tag legen. Denn mehr noch als gegen die Gesetze des Bundesstaats Nevada verstießen Thompson und sein Anwalt gegen die Regeln des gesunden Menschenverstandes. Sie handelten komplett irrational und bewiesen sich gerade dadurch Freiheit, Selbstwert und Individualität. Wie resümiert Hunter S. Thompson seine Existenz im letzten Satz des Buches: »Ein Mann auf seinem Weg, und gerade krank genug, um total selbstsicher und zuversichtlich zu sein.«

Dieser Aspekt der Selbstbestimmung ist es auch, der hinter einem psychologischen Mechanismus steckt, welcher ebenfalls eine Erklärung für den Reiz des Verbotenen – oder zumindest Tabuisierten – anbietet: Reaktanz, also die durch Einschränkungen und sozialen Druck erzeugte Motivation, diesen Einschränkungen und diesem Druck zuwiderzuhandeln, um sich so die eigene Freiheit zu erhalten und zu beweisen.

4. Zwergenweitwurf: wie man einen Moralphilosophen zur Weißglut treibt

Ein Moralphilosoph besucht auf einer Auslandsreise einen Jahrmarkt und bekommt dort etwas geboten, was er noch nie zuvor gesehen hat, ja was er nicht für möglich gehalten hätte.[7] Ein starker Mann packt einen Kleinwüchsigen und wirft ihn so weit er kann, auf eine Weichbodenmatte. Und aus der rundherum versammelten johlenden Menge erfährt der Moralphilosoph, dass es sogar eine Weltmeisterschaft in diesem sogenannten Zwergenweitwurf gebe. Er ist schockiert und sieht diese Veranstaltung als eine Verletzung der Menschenwürde des Kleinwüchsigen, schließlich wird der nur als Wurfgeschoss, somit als Objekt behandelt. Dass es sich bei ihm um einen Menschen handelt, ist dem Pub-

7 Adaption eines Anschauungsbeispiels aus Peter Bieri: Eine Art zu leben. S. Fischer Verlag, Frankfurt a. M. 2013, S. 24 ff.

likum herzlich egal, oder es zieht daraus sogar noch besondere Befriedigung. Aus bloßem Vergnügungsbedürfnis werde dem Kleinwüchsigen der Status als eigenständiges Subjekt aberkannt. Und die Gerichte sehen das genauso. In Deutschland wie auch in Frankreich ist der Zwergenweitwurf verboten. Und ein Kleinwüchsiger, der sich für sein Recht, sich werfen zu lassen, im Sinne der freien Berufswahl, an die Kommission für Menschenrechte der Vereinten Nationen wandte, konnte sich nicht durchsetzen.

Der Moralphilosoph fühlt sich also in seiner Position gefestigt, als er etwas später den geworfenen Kleinwüchsigen persönlich trifft. Er sagt ihm, dass das nicht zum Aushalten sei. Der Kleinwüchsige antwortet, dass die Matte weich sei und der spezielle Anzug ihn schütze. Aber der Moralphilosoph beharrt natürlich auf der Menschenwürde: wie er es denn aushalten könne, dass man ihn als bloßen Gegenstand behandle. Auch Kinder werden geworfen, meint der Kleinwüchsige. Aber die haben Spaß daran, sagt der Philosoph, es geht um ihr Erleben. Im Zirkus wird ein Artist auf die Spitze einer Pyramide anderer Männer geschleudert, sagt der Kleinwüchsige. Aber der ist aktiv, er tut etwas dabei, sagt der Philosoph. Im selben Zirkus wird ein Mann aus einer Kanone geschossen, sagt der Kleinwüchsige. Aber der wird von niemandem geworfen, sagt der Philosoph, er wird nicht gepackt, er wird von niemandem benutzt. Irgendwann hat der

Kleinwüchsige genug. Ich will doch hier nur mein Geld verdienen, sagt er, wissen Sie denn nicht, wie schwierig es ist, mit meiner Größe einen Job zu finden, der sich ähnlich auszahlt? Der Kleinwüchsige war nun gereizt, und das gefiel dem Philosophen nicht, denn dieser war es gewohnt, dass man sich seinem Schwall von Argumenten irgendwann ergab. Der Kleinwüchsige tat dem Philosophen leid, weil er einem so würdelosen Beruf nachging und nicht einmal die Einsicht besaß, dies sich einzugestehen. Als Außenstehender jedoch hätte man den Eindruck gewinnen können, dass der Kleinwüchsige keine Kratzer an seiner Würde davontrug von den Würfen, die er täglich über sich ergehen ließ, dass er sich aber sehr wohl in seiner Würde angegriffen fühlte von diesem normalwüchsigen Philosophen, der allen Ernstes meinte, besser zu wissen, was gut für ihn sei, als er selbst.

Eigentlich sollte man meinen, dass sich Wut erhebt gegen das moralisch Zweifelhafte und Erniedrigende, wohingegen eine gute Absicht Sympathie wecken sollte. Hier war es aber anders. Der Kleinwüchsige konnte es sehr gut ertragen, täglich viele Male im Schutzanzug auf eine Weichbodenmatte geschleudert zu werden, weil er es selbst so gewählt hatte. Wütend wurde er jedoch, als da ein freundlicher und wohlgesonnener Mann, nur Gutes wollend, ihm das Recht absprach, sich für diesen Beruf entscheiden zu dürfen. Diese Reaktion, diese Verhaltenstendenz nennt man in der Psychologie

Reaktanz.[8] Wenn einem Individuum eine gewohnte Freiheit genommen wird oder diese Freiheit auch nur bedroht scheint, so führt dies laut Theorie zum Zustand der Reaktanz. Dieser Zustand wiederum soll dazu dienen, die genommene oder bedrohte Freiheit zu sichern oder wiederherzustellen. Dies kann geschehen, indem die Individuen gegen das gerade erhobene Verbot mit besonderer Entschlossenheit verstoßen. Es kann zu Aggressionen führen gegenüber jenem, der die Freiheit bedroht oder beschneidet. Und es führt dazu, dass die verbotene Option um so attraktiver erscheint, damit man motiviert ist, sie vielleicht auf andere Weise doch noch wiedergewinnen zu können. Und indem der Mechanismus der Reaktanz darauf abzielt, die bedrohte oder genommene Freiheit wiederherzustellen, sichert er auch das Selbstbild des Betroffenen als freier Mensch. »Der Revoltierende verwehrt in seiner ersten Regung, daß man an das rührt, was er ist«, schreibt Albert Camus in »Der Mensch in der Revolte«. »Er kämpft für die Unversehrtheit eines Teils seines Wesens.« Es ist also ein tief im menschlichen Wesen verankerter Mechanismus zur Aufrechterhaltung von Freiheit und Würde eines jeden Individuums, den der Moralphilosoph durch sein Moralisieren triggerte – und der gleichzeitig nicht

---

8 Siehe etwa Anca M. Miron & Jack W. Brehm: Reactance Theory – 40 Years Later. In: Zeitschrift für Sozialpsychologie 37(1), 2006, S. 9–18.

empfänglich war für alle Argumente, die der Philosoph zusammenfegte. Vielleicht liegt darin Eleganz und Effektivität des sokratischen Fragens: Wenn man dem Gesprächspartner mit Überzeugung und Überlegenheit begegnet, wird dieser trotzig sein und an Gegenargumenten mobilisieren, was irgend möglich ist. Wenn man hingegen nur fragt und interessiert weiter fragt, gelingt es vielleicht, die Reaktanz nicht zu wecken.

Doch es gibt viel subtilere Methoden, um die Freiheit eines anderen zu bedrohen, man braucht dafür keine Gesetzgebung und keine moralischen Argumente. Ich erinnere mich an eine Mutter, die in einem Café am Tisch neben meinem saß, gemeinsam mit ihren beiden Töchtern und einer Freundin. Während die kleine Tochter durch das Café rannte und nur Unsinn im Kopf hatte, saß die größere, der die Pubertät kurz bevorstand, ganz ruhig am Tisch und lauschte dem Gerede der beiden erwachsenen Frauen. Und dann fiel dieser Satz der Mutter. Wieder mal hatte sie die kleine Tochter zur Ordnung rufen müssen und sagte dann in Erleichterung und Dankbarkeit zu ihrer älteren Tochter: »Du bist die Brave von euch beiden!« Da vernahm ich ein Blitzen in den Augen der älteren Tochter, und ich war überzeugt, dass die Mutter diesen leichtfertig gesprochenen Satz noch bitter bereuen würde. Denn bis zu diesem Moment hatte die große Tochter ganz freiwillig stillgesessen, hatte aus eigener Wahl sich versucht wie die Erwachsenen zu benehmen, hatte sich reifer und älter gefühlt dabei, wertvoller. Nun aber war sie von der Mutter auf die Rolle des braven Mädchens festgelegt worden, eine Zuschreibung, die sie nicht auf sich sitzen lassen konnte, eine Einengung, die sie herausfordern musste.

Wir Menschen haben einen sehr feinen Instinkt für die Einschränkungen unserer Freiheit und eine sehr große Motivation, diese Einschränkungen niederzureißen. Nur Banausen würden diese Fähigkeiten abfällig als Trotz, Wut und Ungehorsam bezeichnen. Die Menschen verteidigen ihre Freiheit, und wenn Verbote sie daran hindern wollen, suchen sie die Freiheit jenseits des Erlaubten. Wie heißt es im Römerbrief: »Ich wüsste nichts von der Begierde, wenn das Gesetz nicht gesagt hätte: Du sollst nicht begehren!«

Bemerkenswerterweise hat die Wissenschaft, die sich am meisten mit Gesetzen befasst, die Reaktanz und den Reiz des Verbotenen kaum im Blick.[9] Es liegt vermutlich daran, dass man sich in der Rechtsprechung so sehr auf die naheliegende Folge eines Gesetzes versteift – nämlich, dass es befolgt wird –, dass an den gegenteiligen Effekt überhaupt nicht zu denken ist. Wenn es aber um eine möglichst sinnvolle Lenkungswirkung des Rechts geht, darf dieser

---

9 Felix Aiwanger: Die Reize des Verbotenen. Reaktanz im Recht. In: Tagungsband des Jungen Forums Rechtsphilosophie, Archiv für Rechts- und Sozialphilosophie, im Erscheinen.

gegenläufige Effekt nicht unberücksichtigt bleiben. Dafür ist allerdings die Voraussetzung, »dass sich das Recht stärker auf seine eigene Fehlbarkeit einlässt und mehr Selbstironie wagt«.[10]

5. Autonomes Fahren und autonome Menschen: wie man im Umgang mit Regeln zum freien Subjekt wird

Es braucht nicht zwingend den frischen Eingriff in die eigene Freiheit und die resultierende Reaktanz, um zum Regelbruch motiviert zu sein. Es können angestammte und allgemein anerkannte Regeln sein, von denen der Reiz zur Übertretung ausgeht. Denn es ist der souveräne Umgang mit Regeln, durch den man den Status als autonomes Subjekt und die eigene Freiheit beweist. Käme man hingegen in eine Situation, in der es keine Regeln gibt, nichts, woran man sein Entscheiden und Handeln orientieren müsste, sei es, indem man den Regeln folgt, sie ablehnt oder umgeht, so wäre in dieser Situation laut Niklas Luhmann auch keine Freiheit möglich:

»Man verliert damit Anhaltspunkte für weiteres Verhalten. Man verliert die Freiheit, und zwar genau deshalb, weil man keine kognitiven Anhaltspunkte findet, die einen Spielraum für freie Wahl konstituieren könnten [...] denn Normen geben

---

10 Ebd.

immer noch die Möglichkeit der Abweichung frei, ja sind geradezu kognitive Voraussetzungen für die Entscheidung zur Abweichung.«[11]

Gerade diese Abweichung ist es, mit der wir unsere Autonomie beweisen können. Der Reiz des Verbotenen ist auch ein Rausch des Selbst. Man klinkt sich aus dem geregelten Gang des Alltags aus, den üblichen Menschenströmen, den gesetzestreuen Automatismen des Zusammenlebens. Man mag sich zwar an jedem Morgen erneut frei entscheiden, zur Arbeit zu gehen, seiner Familie treu zu bleiben und sich auf dem Nachhauseweg an das Tempolimit zu halten, aber es liegt der Verdacht nahe, dass man es nur aus Trägheit, Feigheit und Angepasstheit tut. Jenseits der Regeln allerdings macht man sich die Autonomie spürbar, weil das Handeln nicht auf äußere Zwänge zurückgeführt werden kann. Die einzige Erklärung für die freiwillige Übertretung ist das individuelle Ich.

Wenn sich etwa das autonome Autofahren vollends durchsetzen würde, wenn keine Geschwindigkeitsübertretung, kein Falschparken und keine rasche Fahrt gegen die Einbahnstraße mehr möglich wäre, wenn etwa die Fahrerin sich nicht mehr durch Übertretungen ihrer eigenen Autonomie versichern kann, dann muss sie sich ein anderes Feld suchen, also ihren Freund betrügen oder im Büro Kopier-

---

11 Niklas Luhmann: Kausalität im Süden. In: Soziale Systeme 1, 1995, S. 7–28.

papier klauen. Wenn man das Auto nur als bequemes Fortbewegungsmittel sieht und meint, enger getaktete Busverbindungen würden die Menschen auf dem Land vom öffentlichen Verkehr überzeugen, übersieht man diesen emotionalen Aspekt, der Menschen mitunter viel stärker an das Auto bindet. Es ist das Gefühl von Freiheit, jederzeit überallhin fahren zu können, es ist aber auch das emphatischere Gefühl von Freiheit, in einem sehr engen Korsett von Regeln den eigenen Weg aus Regeltreue und Regelbruch zu finden und sich dabei als autonomes Wesen zu erleben. So ist es manchen Menschen vielleicht nicht unrecht, dass ihre fremdbestimmte Angestelltentätigkeit von Momenten der Autonomie auf den zugehörigen Pendelstrecken gerahmt ist.

Die Übertretung der Regeln ließe sich mithin als Verwirklichung individueller Freiheit empfinden, während das Befolgen der Regeln nur entindividualisiertes Funktionieren im System ist, das Gefühl hervorruft, nur mehr Rädchen im Getriebe zu sein. Man kann aber auch umgekehrt Individualität, Freiheit und Subjektstatus erhalten, indem man sich an Regeln hält, die für einen moralischen und ideellen Wert stehen, an Regeln, die im Alltag kaum eingehalten werden, deren strenger Einhaltung mitunter Konventionen etwa der Höflichkeit, des Arbeitsverhältnisses oder des gesunden Menschenverstandes entgegenstehen. Jean-Paul Sartre fragte sich, warum Menschen in Umfragen regelmäßig in großer Mehrheit behaupteten, das Lügen sei zu verurteilen, während sie gleichzeitig zugaben, regelmäßig selbst zu lügen. Konkret betrachtete er eine Umfrage an einer Mädchenschule, in der 95 % der Mädchen angaben, das Lügen zu verurteilen, während nur 10 % behaupteten, »niemals« zu lügen. Wie kann es sein, dass man von einer Regel so selbstverständlich überzeugt ist, die man ebenso selbstverständlich ständig bricht? Sartre kommt zu dem Schluss, dass es sich hier nicht um eine Norm handelt, die das Handeln effektiv einschränkt, sondern um ein höheres Ideal, zu dessen Einhaltung sich das Individuum in Freiheit entschließen muss:

»Die Norm als unbedingte Möglichkeit bezeichnet das Subjekt als etwas immer Mögliches, das, unabhängig von der Außenwelt und jeder äußeren Bestimmung, sich in der Realität allein durch die Erfüllung der gestellten Aufgabe verwirklichen kann. Mit anderen Worten: die Norm präsentiert sich als meine Möglichkeit (objektiver Charakter: sie ist gleichzeitig jedermanns Möglichkeit), doch in dem Maße, in dem sie mich als mögliches Subjekt des Handelns definiert, repräsentiert sie *meine Möglichkeit, mich als Subjekt zu erschaffen*.

Jetzt erfassen wir den Sinn der Antworten, welche die Schülerinnen in der von uns zitierten Umfrage gegeben haben: sie geben vor, die Möglichkeit, den Umständen zum Trotz ein menschliches Subjekt zu sein, bleibe durch ein unbedingtes Verbot auch im Alltag erhalten; kurz: der Imperativ [die Norm nicht zu lügen] richtet sich an meine Möglichkeit, mich als autonomes Subjekt zu begreifen und zu schaffen – eine Autonomie, die sich dadurch bestätigt, dass sie die äußeren Umstände beherrscht, anstatt sich von ihnen beherrschen zu lassen.«[12]

Die Schulmädchen unterstützen also die Norm, nicht zu lügen, als Ideal, dessen Erfüllung für Freiheit und autonomes Handeln steht. Indem man nicht lügt, sondern die Wahrheit sagt, auch wenn es die Höflichkeit eigentlich anders verlangt, auch wenn man damit das gute Verhältnis zum Lehrer gefährdet, auch wenn man sich selbst damit Nachteile einbringt, handelt man autonom. Trotz aller äußeren Umstände, die nahelegen, fast erzwingen, dass man lügt, hält man sich an die Norm und sagt die Wahrheit. Auch so kann man sich seine Freiheit beweisen, nicht in der Übertretung einer beschränkenden Norm, sondern im Befolgen einer ideellen Norm, die im Widerspruch zu den Zwängen der Situation steht. »Diese unbedingte Ablehnung der äußeren Bestimmung ist soviel wie die *Anerkennung einer inneren Bestimmung des handelnden Subjekts.*«[13] Die Berufspendlerin auf ihrer Heimreise kann sich ihre Autonomie also dadurch beweisen, dass sie als Abkürzung eine Einbahnstraße in falscher Richtung fährt, genauso wie sie ihre Autonomie dadurch be-

12 Jean-Paul Sartre: Determination und Freiheit. Aus dem Französischen von Karin Monte. In: Moral und Gesellschaft, Suhrkamp Verlag, Frankfurt a. M. 1968, S. 25.

13 Ebd., S. 24.

weist, dass sie in der folgenden 30er-Zone das Tempolimit exakt einhält, während ihr die nachfolgenden Autos hupend auffahren.

6. Blaumachen und Glücklichsein: Übertretung als Schritt zur Selbstliebe

In einer Uni-Vorlesung über Psychotherapie fragte der Dozent die Studenten, wer glaube, ein Recht zu leben zu haben.[14] Alle Hände gingen hoch. Dann fragte er, ob sich jemand bereit erklären würde, vor das Vorlesungspublikum zu treten, um genau dies auszusprechen, nämlich mehrmals laut zu sagen: »Ich habe ein Recht zu leben!«, während das Publikum sich zu fragen habe, ob es dem Sprecher glaube.

Der erste Freiwillige stellte sich stramm auf und rief kämpferisch: »Ich habe ein Recht zu leben!« Und mit jeder Wiederholung des Satzes wurde er streitlustiger. Irgendwann schritt der Dozent ein und sagte: »Niemand bestreitet, was Sie sagen. Können Sie es auch ohne Trotz sagen?« Er konnte es nicht. Die nächste Freiwillige stellte sich in tiefster Demut vor das Publikum und sprach den Satz »Ich habe ein Recht zu leben!«, als müsste sie dieses Recht vom Publikum erflehen. Der nächste

---

14 Nathaniel Branden berichtet davon in: Die 6 Säulen des Selbstwertgefühls. Aus dem Amerikanischen von Anni Pott. Piper Verlag, München 2011 (1994).

Sprecher klang arrogant und blasiert, als spielte er eine Rolle. Niemand fand sich, der den Satz »Ich habe ein Recht zu leben!« mit der stillen Überzeugung aussprach, mit der er sagen konnte »Eins und eins ist zwei«.

Selbstverständlich ist der Mensch nicht außerhalb seiner Zusammenhänge überlebensfähig, aber trotzdem sollte sein Recht zu leben nicht von den Meinungen anderer abhängig sein. Wenn man in der Fußgängerzone eine beliebige Person fragt: »Habe ich ein Recht zu leben?«, sollte diese Person, wenn auch etwas überrascht, antworten: »Na, klar doch!« Und wenn man in der Fußgängerzone einer fremden Person mitteilt: »Ich habe ein Recht zu leben!«, dann wird diese Person vermutlich mit den Schultern zucken, weil sie das für so selbstverständlich hält.

Trotzdem fühlt man im alltäglichen Leben verschiedenste Erwartungen auf sich lasten, durch deren Erfüllung man das Recht zu leben zu erwerben glaubt. Unsere Eltern erwarten, dass wir im Beruf erfolgreich sind und wir uns ab und zu mal bei ihnen melden. Unsere Partner erwarten, dass wir ihnen unsere Leidenschaft zeigen und gleichzeitig ihre Leidenschaft nicht selbstverständlich nehmen. Unser Arbeitgeber erwartet Anwesenheit, Leistung und gute Stimmung. Was wären wir noch für unsere Eltern, Geliebten, Arbeitgeber, wenn wir alle diese Erwartungen nicht erfüllten? Und man könnte natürlich noch viele weitere Beispiele nennen.

Also bemühen wir uns, diese Erwartungen zu erfüllen, und bekommen dadurch Zuneigung, Lob und Anerkennung von jenen, die unsere Leistungen empfangen. Der Schluss liegt somit nahe, dass die Zuneigung, die wir empfangen, von unseren Leistungen abhängt und nicht von unserer Person. Beim Arbeitgeber ist genau dies natürlich wünschenswert, im privaten Kontext kann es aber schmerzen. Wie jedoch findet man heraus, ob Partner, Eltern, Freunde einen wirklich lieben? Der Biologe Amotz Zahavi entdeckte dafür eine verlässliche Methode, als ihm sein Hund mal wieder unsanft auf den Schoß sprang: Man tut seinen Liebsten weh, um die Festigkeit der Beziehung zu prüfen.[15] Solange unsere Lieben nämlich Vorteile davon haben, mit uns verbunden zu sein, können wir den Verdacht haben, dass sie nur auf Grund dieser Vorteile die Verbindung mit uns pflegen. Wenn sie hingegen Nachteile davon haben, dann fällt diese Erklärung weg. Deshalb sind wir manchmal trotzig und stur, deshalb führt manchmal eine Harmlosigkeit zu großem Streit. Ab und zu, so verlangt es unser soziales Funktionieren, muss getestet werden, ob unsere Beziehungen belastbar sind. Nach einer solchen Auseinandersetzung fühlt man sich einander besonders nah, denn man hat ja gerade qua Versöhnung bewiesen, dass man einander liebhat, ungeachtet des

---

15 Siehe Amotz Zahavi: The Testing of a Bond. In: Animal Behaviour 25, 1977, S. 246 f.

fast grundlos vom Zaun gebrochenen Streits, sich der gegenseitigen Zuneigung versichert und den Verdacht der lediglich rational begründeten Austauschbeziehung ausgeräumt.

Wozu nun dieser Exkurs, wenn wir doch eigentlich über die Freiheit jenseits des Erlaubten nachdenken? Nun, weil wir den Zwang, etwas zu leisten, nicht nur als Erwartung anderer empfinden, sondern ihn so sehr gewohnt sind, dass er bereits tief in uns drinsitzt. Unabhängig davon, wie sich andere uns gegenüber verhalten, fühlen wir uns mitunter wertlos, wenn wir nicht fleißig waren, unsere Tätigkeit uns keinen Erfolg eingebracht hat, oder wenn wir uns um das tägliche Arbeitspensum herum gemogelt haben. Deswegen können wir den selbstbewussten Satz »Ich habe ein Recht zu leben!« oft nur stammeln, weil wir die eigenen Erwartungen nicht erfüllt haben.

Es hilft dann, härter zu arbeiten, Überstunden zu machen, den Rückstand aufzuholen, die Erfolge aus dem Leben herauszuprügeln. Das bringt Befriedigung, aber es befeuert auch das belastende Denkmodell, dass zur Selbstliebe Leistung erforderlich sei. Die eigene bedingungslose Selbstliebe lässt sich hingegen nur prüfen und eventuell kultivieren, wenn man die anderen Gründe, sich selbst zu achten, wie etwa Lob und Leistung, ausschaltet. Deshalb schmeckt es so süß, gerade dann planlos in den Tag hineinzuleben, wenn die Erwartungen und der Leistungsdruck am größten sind. Der Wecker klingelt früh am Morgen, man hastet aus dem Bett, greift in der Küche die Kaffeedose aus dem Regal, öffnet sie ... und lässt sie sinken. Von einem Moment auf den anderen hat man sich gegen die Hektik entschieden, entschließt sich, den Kaffee auswärts zu trinken, kleidet sich so, wie man sich sonst kaum vor die Tür wagen würde. Vor dem Stammcafé angekommen, entscheidet man sich, etwas Neues auszuprobieren, und lenkt seine Schritte dorthin, wo man noch nie spazieren war. Während im Büro dringende Papiere eiliger Bearbeitung harren, schaut man wie ein Vierjähriger minutenlang einer Gruppe von Bauarbeitern bei der Arbeit zu. Und dabei macht sich ein Kribbeln bemerkbar wie damals im Kindergarten, als man sich im Gebüsch versteckte, um der öden Mittagsruhe zu entgehen. Andererseits durchfließt einen eine große Ruhe und Selbstverständlichkeit, ist man doch dem Erwartungsdruck entronnen, aus den eigenen Pflichten herausgetreten, und das Leben geht weiter. Der Spaziergang ist dabei irrelevant, das Beobachten der Bauarbeiter, der Kaffee in einem unbekannten Lokal. Es zählt einzig dieses Gefühl der eigenen Souveränität, die Empfindung, kein Rädchen im Getriebe zu sein, denn man dreht vielmehr völlig frei, nimmt unerwartete Richtungen, lässt sich in keine Form pressen.

Solche Gelegenheiten, trotz des Verstoßens gegen Pflichten mit sich selbst im Reinen zu sein, gilt es sich zu schaffen – jenseits der Erwartungen, außerhalb des Korsetts des geregelten Lebens, lässt sich die Liebe zu sich selbst in ihrer Reinheit erfahren. Allerdings wird diese besondere Freude am Nichtstun nur dann erlebbar, wenn viel zu tun ist: je stärker der Verstoß gegen die Pflichten, desto härter wird die eigene Souveränität auf die Probe gestellt. Und indem die eigene Souveränität diese Probe besteht, indem man den produktiven Fortgang seines Lebens schleifen lässt, anderen unnütz wird, gar hinderlich, durchfließt einen das Gefühl der bedingungslosen Selbstliebe.

Ein Kommilitone während meines Studiums war ein Vollprofi dieses Verhaltens. Jede Referatsvorbereitung schob er auf, so lange es ging. Er durchwachte dann die letzte Nacht vor seinem Termin, aber selbst in dieser letzten Nacht spielte er noch lieber Nintendo, als an die Arbeit zu gehen. Genauso war es bei Klausuren und mündlichen Prüfungen. So mancher schüttelte den Kopf darüber, wie da ein intelligenter junger Mann seine Talente derartig verschwendete. Gleichzeitig wurde er von den meisten Männern gemocht und von reichlich Frauen geliebt. Und ich glaube, dass es daran lag, dass er so sehr in der bedingungslosen Selbstliebe geübt war, dass allen rastlos-zweifelnden anderen die Gegenwart seiner in sich ruhenden Zufriedenheit so angenehm war. Sie hielten sich an die Regeln, sie erfüllten die Erwartungen und hatten deshalb kaum je Gelegenheit, mit sich ins Reine zu kommen, ohne Leistungserbringung und Pflichterfüllung.

Es gibt noch eine weitere Motivation zur Übertretung, die weniger mit unserem eigenen Wohlergehen zu tun hat als mit dem Eintreten für Werte, mit ethischem Handeln also. Man kann aus moralischen Gründen gezwungen sein, gegen Regeln zu verstoßen. Aber auch hier zeigt sich deren Übertretung wieder als Ausdruck von Individualität: Im Regelbruch für ein höheres Prinzip zeigt sich der integre, unabhängige Charakter. Jenseits des Erlaubten handelt man im emphatischen Sinne eigenverantwortlich.

7. Tyrannenmord und ziviler Ungehorsam: Übertretung aus moralischen Gründen

Die Intensivstation war die ruhigste Abteilung, in der sie im Krankenhaus je gearbeitet hatte, erzählte mir eine Freundin, denn da lagen nur Menschen, die von Apparaten am Leben gehalten wurden. So war es ein Klinikalltag mit wenigen Überraschungen. Trotzdem gestaltete es sich schwierig für sie, denn da lagen Menschen, die nur dank dieser Apparate noch am Leben waren, die wahrscheinlich nie wieder aufwachen würden, deren Versorgung vielleicht längst abgeschaltet worden wäre, würden nicht die geltenden Regelungen die lebenserhaltenden Maßnahmen begünstigen und die Entscheidung dagegen den Arzt einem rechtlichen Risiko aussetzen. Dieses Unbehagen hatte alle in der Abteilung erfasst, und in ihren dunkelsten Momenten erzählten die Älteren manchmal eine Geschichte aus früheren Zeiten. Da habe es den alten Chefarzt gegeben, der noch zu Entscheidungen fähig war. Manchmal sei es passiert, dass nachts im Aufenthaltsraum der Alarm schrillte, weil die Werte eines Patienten plötzlich absackten. Sie seien dann in dessen Zimmer geeilt und hätten dort den Chef stehen sehen, der die Apparate abgeschaltet hatte, weil er überzeugt war, dass dieser Patient nie wieder aufgewacht wäre. Der Chefarzt hatte sich dorthin begeben, wo es wahrlich galt, Verantwortung zu übernehmen. Und die alten Kollegen sprachen von ihm wie von einem Helden.

Man kann für eine Heldentat Gesetze übertreten, ja mitunter ist sie, objektiv betrachtet, ein Verbrechen, etwa im Falle des Verrats geheimdienstlicher Informationen oder des klassischen Tyrannenmords. Anscheinend gibt es Verbrechen, die zwar illegal, aber wünschenswert sind. »›Helden‹ werden sowohl in älteren Gesellschaften, aber auch unter modernen Bedingungen in der Politik und in der Welt der Großorganisationen am Tabubruch erkennbar«, sagt knapp Niklas Luhmann[16]. Erich Fromm beschreibt diese Dialektik des Ungehorsams ausführlicher:

»Immer wenn die Prinzipien, denen man gehorcht und denen man nicht gehorcht, miteinander

16 Niklas Luhmann: Kausalität im Süden. In: Soziale Systeme 1. A. a. O., 1995.

unvereinbar sind, ist ein Akt des Gehorsams dem einen Prinzip gegenüber notwendigerweise ein Akt des Ungehorsams seinem Widerpart gegenüber und umgekehrt. Das klassische Beispiel dieser Dichotomie bietet uns Antigone [die ihren toten Bruder begraben will, auch wenn es der Herrscher verbietet]. Wenn sie den unmenschlichen Gesetzen des Staates gehorcht hätte, so hätte sie notwendigerweise den Gesetzen der Menschlichkeit nicht gehorcht. Wenn sie letzteren gehorchte, musste sie den ersteren den Gehorsam verweigern. Alle Märtyrer der Religion, der Freiheit und der Wissenschaft mussten denen den Gehorsam verweigern, die sie mundtot zu machen suchten, um ihrem eigenen Gewissen, den Gesetzen der Menschlichkeit und Vernunft folgen zu können.«[17]

Aber wenn es diesen Widerspruch gibt, dass eine Tat einerseits als heldenhaft und erstrebenswert gilt, gleichzeitig aber als illegal und verbrecherisch, warum wird dieser Widerspruch dann nicht aufgelöst zugunsten von Gesetzen, die die wünschenswerte Tat nicht unter Strafe stellen? Ganz offensichtlich wäre ein solches Ansinnen undenkbar im Falle von Gesetzesbrüchen innerhalb eines Unrechtsstaats, sei es nun die NS-Diktatur oder die Tyrannei von Kreon. Aber auch in Systemen, die auf Recht und Gerechtigkeit basieren, müssen gewisse nützliche

---

17 Erich Fromm: Über den Ungehorsam. Deutscher Taschenbuch Verlag, München 1986 (1981), S. 11.

oder wünschenswerte Handlungen untersagt bleiben. Manche Geheimnisse müssen publik gemacht werden, auch wenn der Verrat strafbar bleiben muss. Manche Befehle müssen verweigert werden, aber die Befehlsverweigerung trotzdem geahndet.

Es könnte als unerträglicher Zustand betrachtet werden, dass solche wichtigen und gebotenen Akte außerhalb des Legalen liegen. Das Heldentum außerhalb der Legalität hat aber auch eine besonders hehre Form, denn die Regeln, die jeder Mensch sich selbst gibt, durch sein Gewissen, seine individuelle Moral, werden hier über die allgemeingültigen Regeln gestellt. Die Gesellschaft ist in gewisser Weise auf Regelbrecher angewiesen. Sie werden zwar von den entsprechenden Stellen bestraft, wie es der Rechtsstaat und somit das Funktionieren einer freien Gesellschaft erfordert, andererseits werden sie gefeiert für die Entscheidung, eine individuelle Wertvorstellung schwerer zu gewichten als die zu erwartende Strafe.

Immer wieder gibt es Bemühungen, das bereits Geduldete oder das Verbotene, aber als wünschenswert Erachtete mit dem Recht zur Deckung zu bringen, etwa bei Sterbehilfe. Soll es legal sein, einen Menschen zu töten, wenn dieser das wünscht? Es widerspräche dem unveräußerlichen, also unwiderruflichen Recht auf Leben eines jeden. Trotzdem findet Sterbehilfe statt. Trotzdem sehen es viele als wünschenswert an, dass jenen geholfen wird, die ihr Leben beenden möchten. Und dies beides sind

Gründe dafür, dass gesetzliche Rahmen geschaffen werden, um Sterbehilfe legal zu ermöglichen. Andererseits ist der Graubereich vielleicht ein guter Ort für die Sterbehilfe, wo sie zwar nicht legal, aber gleichzeitig nicht der vordringlichste Ermittlungsgegenstand der Mordkommission ist. Ähnlich beim Schwangerschaftsabbruch. Der Gesetzgeber kann so eine moralisch reine Weste erhalten, indem er den an Grundfesten rüttelnden moralischen Konflikt einfach ignoriert und die Dinge ein wenig im Unklaren lässt. Die schwierigen Fragen obliegen dann allein der Verantwortung der einzelnen. Diese können individuell richtig handeln oder falsch, sie können mit ihrem Tun moralisch aufrecht sein oder scheitern. Sie tun das Menschenübliche. Der Staat aber muss keine Richtlinien vorgeben, die von der jeweils anderen Seite des Meinungsspektrums als menschenverachtend gelten. Manchmal ist ein Graubereich, der zwar illegal ist, den verantwortungsvolle Menschen aber trotzdem nutzen, moralisch geboten, da eine klare Teilung in Schwarz und Weiß moralisch verwerflich wäre. Es ist eben ein Unterschied, ob ein einzelner eine Entscheidung trifft mit seiner individuellen Fehlbarkeit, oder ob der Gesetzgeber eine Entscheidung trifft, die allgemeine Richtigkeit beansprucht.

Aber selbstverständlich sind viele Formen des Heldentums nicht solcher Art, dass der Staat sie begünstigen wollte, im Gegenteil. Und so erwachsen gewisse Formen des Heldentums gerade aus dem Widerstand gegen den Staat.

»Ungerechte Gesetze existieren. Sollen wir uns damit begnügen, sie zu befolgen?« schreibt Henry David Thoreau in jenem Aufsatz, mit dem er den Begriff des zivilen Ungehorsams prägt. »Oder sollen wir danach streben, sie zu ändern, und ihnen gehorchen, bis wir damit erfolgreich sind? Oder sollen wir sie sogleich überschreiten?«[18] Die Skandale seiner Zeit, gegen die sich Thoreau verwahrt, sind die Sklaverei und der Krieg gegen Mexiko. Er will seinem Gewissen bis ins letzte folgen und einem Staat, der derartig unmoralisch handelt, die Unterstützung entziehen.

Nicht in jedem Fall sei man zum Widerstand gegen Ungerechtigkeit verpflichtet, so Thoreau. Wenn man den Staat als Maschine betrachte, könnte manche Ungerechtigkeit eine unvermeidbare Reibung sein, oder sie könnte von einem Einzelteil stammen, das unersetzlich ist, womit Abhilfe schlimmer als das Übel wäre. »Aber wenn das Übel solcher Natur ist, dass es dich zum Arm der Ungerechtigkeit deinem Nächsten gegenüber macht, dann sage ich: Brich das Gesetz! Lass dein Leben ein Gegengewicht sein, um die Maschine zu stoppen. Ich muss sicherstellen, dass ich mich selbst

18 Henry David Thoreau: Über die Pflicht zum Ungehorsam gegen den Staat. Aus dem Amerikanischen von David Adner. https://kais-journal.de/wp-content/uploads/2016/02/Civil_Disobedience.pdf, S. 6.

nicht zu dem Unrecht hingebe, das ich verdamme.«[19] Es reiche nicht abzuwarten, bis die nächste Wahl eine Veränderung bringt, es reiche nicht zu protestieren, es reiche nicht, den Kriegsdienst zu verweigern, wo man den Krieg durch seine Steuern weiter mitfinanziert. Was zählt, ist das Gewissen, die Entscheidung und das konsequente Handeln des einzelnen, der erkannt hat, was richtig und was falsch ist.

»Ich weiß wohl, dass, wenn tausend, wenn hundert, wenn zehn Männer, die ich benenne, – wenn nur zehn rechtschaffende Männer, – ja, selbst wenn nur ein rechtschaffender Mann in diesem Staat von Massachusetts aufhört, Sklaven zu halten, dem Staat seine Unterstützung verweigert und dafür ins Gefängnis geschlossen wird, es das Ende der Sklaverei in Amerika bedeuten würde.«[20]

Ziviler Ungehorsam kann eine demokratische Abkürzung politischer und juristischer Entscheidungsfindung bedeuten. Die langwierige Organisation von Mehrheiten zur Änderung eines Gesetzes kann übersprungen werden, wenn Akte des Ungehorsams die öffentliche Aufmerksamkeit auf ein Unrecht lenken. Die Reaktion der Staatsgewalt ist dabei nicht nur Hinderer, sondern mitunter Verstärker des Anliegens, denn selbstlose Kämpfer für die Gerechtigkeit unter Strafe zu stellen, treibt den

---

19 Ebd.
20 Ebd., S. 7.

Skandal möglicherweise auf die Spitze. Und nicht nur eine Abkürzung hin zur Einflussnahme ist der zivile Ungehorsam, er ist auch ein Mittel der wenigen, Stärke, Überzeugung und Entschlossenheit zu demonstrieren und Druck zu erzeugen, wie es in der Mehrheitsherrschaft sonst nur großen organisierten Interessengruppen möglich ist. Ziviler Ungehorsam im emphatischen Sinne ist ein Fest individueller Gewissenstreue und Opferbereitschaft.

»Unter einer Regierung, die Menschen zu Unrecht einsperrt, ist der wahre Platz für einen gerechten Mann ebenso das Gefängnis. [...] Es ist dort, wo sich der entflohene Sklave, der mexikanische Kriegsgefangene und der Indianer, der das seinem Volk geschehene Unrecht anklagt, trifft, auf diesem abgesonderten, aber freieren und ehrbareren Grund, an den der Staat diejenigen bringt, die nicht für ihn, sondern gegen ihn sind. Das einzige Haus in einem Sklavenstaat, in dem ein freier Mann mit Ehre weilen kann.«[21]

Thoreau entschied für sich allein. Er nahm auch die Strafe dafür in Kauf. Er folgte nur seinem Gewissen. Doch wie ist es bei all den anderen Demonstranten, die zivilen Ungehorsam als Mittel des Protestes wählen? Folgen die allein ihrem Gewissen?

Arno Gruen berichtet von einer Studie über das Verhalten der russischen Armee in den Revolutionsjahren 1905 und 1906: Mal meuterten die Soldaten,

21 Ebd., S. 7.

dann schlugen sie wieder brutal Aufstände nieder. Innerhalb von nur zehn Monaten wechselten sie mehrmals zwischen Rebellion und Loyalität. »Truppen, die von Januar bis Oktober 1905 Aufständische niederschlugen, meuterten von Ende Oktober bis Anfang Dezember, und ab Ende 1905 schossen sie wieder auf Zivilisten, um von Mai bis Juni 1906 erneut zu rebellieren und Ende Juni 1906 zum dritten Mal gegen die Aufständischen vorzugehen.«[22] Dieser Wankelmut habe nichts mit politischen Überzeugungen oder mit der Behandlung der Soldaten zu tun gehabt, vielmehr war ausschlaggebend, wen sie gerade als Autorität wahrnahmen, das alte oder das kommende Regime. Sie wechselten also nicht zwischen Rebellion und Loyalität. Sie wechselten nur die Ausrichtung ihrer Unterwerfung. Und soll man dies dann Rebellion nennen? Arno Gruen jedenfalls nennt es »pathologische Treue«.

Dies ist natürlich ein extremes Beispiel, doch kann es auch anderswo jene mitläuferische Rebellion geben, die nicht dem reinen Widerstand des einzelnen entspricht. Menschen folgen schließlich viel lieber einer Gruppe als ihrem Gewissen. Betrachtet man etwa die großen Protestbewegungen der Nachkriegszeit, so sind sie auf der Gruppenebene ganz klar als Rebellion zu klassifizieren. Betrachtet man aber die hypothetische Motivation

---

22 Arno Gruen: Wider den Gehorsam. Verlag Klett-Cotta, Stuttgart 2014, S. 54 f.

des einzelnen Protestteilnehmers, sieht es vielleicht schon gar nicht mehr so rebellisch aus. Da geht die Peer Group zu den Protesten, und man folgt eben, da scheint sich die Peer Group in einem moralischen Urteil einig, dem man sich dann ebenfalls anschließt. Der eigentlich rebellische Akt wäre es, gegenüber den Menschen, die einem wichtig sind, die eigene abweichende Gewissensentscheidung zu vertreten. Mit den anderen mitzugehen, ist hingegen nur mehr Konformität. Auf diesem Weg der Gefolgschaft hat man jedoch beides, einerseits die wohlige Umgebung der Gleichgesinnten, andererseits das verwegene Gefühl, seinem Gewissen gegen alle Widerstände zu folgen.

Aber selbst wenn man allein seinem Gewissen folgt, muss man damit natürlich nicht richtigliegen. Der zivile Ungehorsam ist ein Wurmloch in der Demokratie, das die Mühen der Ebene des demokratischen Prozesses unterläuft. Damit umgeht er natürlich auch all die Prüf- und Abwägungsverfahren, die ein gutes Staatswesen ausmachen. Nicht zuletzt ist ein demokratischer Rechtsstaat dafür da, uns vor den Überzeugungen und Irrtümern einzelner und weniger zu schützen.

Erwünschtheit der Übertretung

8. Mile High Club: die Pflicht zur Übertretung

Sie war nur wenige Jahre älter als er, aber beide waren noch so jung, dass es ins Gewicht fiel. Ihn störte es nicht, aber ihr war nicht wohl dabei. Sie glaubte, gegen ihr Unbehagen angehen zu können, indem sie ihn den Abstand spüren ließ, seine Unerfahrenheit mit ihren Erfahrungen verschreckte. Sie fragte: »Hattest du schon Sex auf einer Flugzeugtoilette?« Und als er verneinte, rief sie mit übertriebenem Entsetzen: »Was? Wirklich? Aber das macht doch jeder! Das muss man doch gemacht haben!« Sie wollte ihn früh verprellen, nicht später, wenn es mehr weh tut, ja, sie war tatsächlich erfahrener als er.

Er hatte keine Ahnung, aber er konnte den Reiz verstehen. Wenn da auf der Anzeige das Besetztzeichen erlischt und ein Paar gemeinsam zu seinen Plätzen zurückkehrt, dann gucken die Passagiere und denken sich, dass die roten Köpfe der beiden wohl nicht von zu viel Tomatensaft kommen und ihre debile Seligkeit nicht allein vom Wunder des Fliegens. Niemand würde sich empören, aber zum glücklichen Moment gesellte sich obendrauf der Stolz, es trotzdem gemacht zu haben, sich etwas füreinander herausgenommen zu haben. Jürgen Drews hätte also genauso gut über eine Flugzeugtoilette texten können, nur hätten wir das Lied dann wohl nicht im Kinderchor gesungen. Außerdem: Ein Bett im Kornfeld, das ist immer frei, eine Flugzeugtoilette nicht.

Es ließe sich natürlich einwenden, dass es in diesem Falle nicht das Verbotene war, das reizte, war doch der Sex auf der Flugzeugtoilette nicht ausdrücklich untersagt. Für den Reiz jedoch reicht es vollauf, wenn sich das eigene Tun verboten anfühlt, oder zumindest tabuisiert, so wie Freud es beschreibt:

»*Tabu* ist ein polynesisches Wort, dessen Übersetzung uns Schwierigkeiten bereitet, weil wir den damit bezeichneten Begriff nicht mehr besitzen. [...] Uns geht die Bedeutung des Tabu nach zwei entgegengesetzten Richtungen auseinander. Es heißt uns einerseits: heilig, geweiht, andererseits: unheimlich, gefährlich, verboten, unrein. Der Gegensatz von Tabu heißt im Polynesischen noa – gewöhnlich, allgemein zugänglich. Somit haftet am Tabu etwas wie der Begriff einer Reserve, das Tabu äußert sich auch wesentlich in Verboten und Einschränkungen. Unsere Zusammensetzung ›heilige Scheu‹ würde sich oft mit dem Sinn des Tabu decken.«[1]

---

1 Sigmund Freud: Totem und Tabu. Europäischer Literaturverlag, Bremen 2018 (1913), S. 26 f.

Eine heilige Scheu ist es also, die das Paar auf dem Weg zur Flugzeugtoilette verspürt. Heilige Scheu, das ist der Reiz des Verbotenen. Ob es objektiv ein Verbot gibt, ist dabei unwesentlich, auch was die anderen denken, entscheidet nicht, sondern vielmehr, was wir denken, dass die anderen über uns denken, das macht den Unterschied. Da der Reiz des Verbotenen ein Gefühl ist, entscheidet die subjektive Wahrnehmung des einzelnen über dessen Empfindung. Mitunter müssen die kritischen anderen erfunden werden, damit der Funke des Verbotenen überspringt. In einem Flugzeug nach Mallorca zu sitzen, voll mit Pärchen, die nur darauf warten, dass sie auf der Toilette zum Zug kommen, wird jedem einzelnen die Freude an der Sache nehmen. Es braucht schon die Überzeugung, potentiell Anstoß zu erregen, dass man zumindest Anlass hätte, sich zu schämen. Hier tritt der projizierte Spießer auf den Plan. Der projizierte Spießer ist dort am engstirnigsten, wo wir uns am ungezwungensten fühlen wollen. Schlüpfen wir barfuß in unsere Mokassins, fühlen wir uns dann besonders stilvoll, wenn wir dabei den Frührentner vor Augen haben, der in seinen Sandalen Tennissocken trägt. Bereiten wir gerade für unsere Geburtstagsparty ein Buffet mit Gerichten aus aller Welt, fühlen wir uns dann ungemein kosmopolitisch, wenn wir die Kittelschürzenträgerin imaginieren, die Nudelsalat und Mettigel auf den Biertisch stellt. Um uns durch und durch verrucht vorkommen zu können, müssen wir uns mitunter den Spießer projizieren, den unsere lächerliche Übertretung auf die höchste Palme bringt. Er wird gebraucht, damit wir uns noch in unseren biedersten Momenten als Nonkonformisten fühlen dürfen.

Das Thema war für das junge Paar mit Altersunterschied noch nicht vorüber, denn sie beließ es nicht bei seiner stummen Vorstellung, sondern führte das Geschehen genauer aus, um die Qual noch zu steigern. So erfuhr er, dass sie keiner spontanen Lust gefolgt war, sondern sie und ihr damaliger Freund die Episode fest eingeplant hatten, wie alle übrigen Teile ihres Pauschalurlaubs. Auch war ihr der Sex an diesem Ort nicht die Erfüllung einer lang gehegten Phantasie gewesen, sondern vielmehr Pflichterfüllung im Sinne des guten Lebens und der erfüllten Liebe, eben: »Das macht doch jeder! Das muss man doch gemacht haben!«

Es kann also beides gleichzeitig gelten: einerseits das subjektiv empfundene Verbot oder Tabu, andererseits die subjektiv empfundene Notwendigkeit, dagegen zu verstoßen. Man mag einerseits überzeugt sein, dass ein Verbot oder Tabu Gültigkeit hat, andererseits überzeugt sein, dass jeder dagegen verstößt und man ohne den Verstoß außen vor bliebe. Der Normbruch wird dadurch also selbst zur Norm. Und manchmal wird der Normbruch sogar zur Ware.

Im Jahre 2003, ausgerechnet in der Fastenzeit, brachte Langnese eine Magnum-Spezialedition mit dem Namen »Sieben Sünden« auf den Markt.[2] Da gab es zum Beispiel die Variante »Wollust«: Vanilleeis, überzogen mit rosafarbener Erdbeerschokolade, das laut Werbung Genießerherzen höher schlagen lasse. Die Variante mit Tiramisu-Geschmack, Kaffeesauce, Schokolade und Amaretti-Stückchen hieß Habgier, denn sie mache »Lust auf immer mehr«. Teile der katholischen und evangelischen Kirche kritisierten das als pietät- und geschmacklos. Größerer klerikaler Protest blieb jedoch aus, weil man der Eisfirma diese Aufmerksamkeit nicht schenken wollte. Es wäre ja auch zu verlockend für die Kundschaft gewesen, wenn sie den Unmut der beiden Amtskirchen mit bloßem Eisessen hätte erregen können.

Die sieben Todsünden bieten Übertretungspotential, süß und sanft wie Speiseeis. Es bedarf dafür keiner Sanktionierung, weil sie ihre Nachteile gleich mitliefern:[3] Der Missgünstige lebt unzufrieden, Völlerei macht fett, und der Wollüstige ist unausgeglichen. Indem man diesen Lastern den Namen Todsünden verpasste, jazzte man ihren Übertretungswert in ungeahnte Höhen. Hier gab es nun also ein niederschwelliges Sündenangebot:

---

2 Dieser Absatz basiert auf dem Artikel auf welt.de »Kann denn Eiscreme Sünde sein« vom 18.03.2003, zuletzt abgerufen am 30.05.2024.

3 Der Gedanke, dass das Laster die Strafe schon in sich trägt, stammt aus »Die Lektionen des Neids« in Robert Pfaller: Wofür es sich zu leben lohnt. S. Fischer Verlag, Frankfurt a. M. 2011, S. 111 ff.

verrucht, doch harmlos. Alltägliche Kleinigkeiten wie die Chipstüte vorm Fernseher oder der neidvolle Blick auf den Kollegen im gutsitzenden Anzug konnten so schon Sünderstolz einbringen. Heute hatte man wieder über die Stränge geschlagen. Langnese griff dies auf und hängte die Latte noch tiefer. Sieben Sünden und keinerlei schlechtes Gewissen, ohne Leiden weggeleckt. Hier haben wir die Freiheit jenseits des Erlaubten in ihrer institutionalisierten Form: als Label auf einem Genussmittel.

Überbewertung der Sündhaftigkeit ist nichts Neues. Als Martin Luther noch Mönch war, schrieb er oft seinem geistigen Vater Doktor Staupitzen und machte wohl auch das eine oder andere Mal aus einer Mücke einen Elefanten. Einmal war es Doktor Staupitzen genug, und er schrieb laut Luther zurück:

»Du willst ohne Sünde sein, und hast doch keine rechte Sünde; Christus ist die Vergebung rechtschaffener Sünde, als die Eltern ermorden, öffentlich lästern, Gott verachten, die Ehe brechen usw., das sind die rechten Sünden. Du musst ein Register haben, darin rechtschaffene Sünde stehen, soll Christus dir helfen; musst nicht mit solchem Humpelwerk und Puppensünden umgehen und aus einem jeglichen Furz eine Sünde machen!«

Das Pendant zu den sieben Sünden, die vor zwanzig Jahren angeboten wurden, ist übrigens heute der von der Rapperin und Youtuberin Shirin David angebotene »DirTea«. Diesen kommodifizierten Konventionsbruch gibt es etwa in den Sorten »Busty Blueberry«, also »vollbusige Blaubeere«, oder »Wet Peach«, also, aus dem Emoticon-Englisch übersetzt, ein »nasser Pfirsichpo«. Es ist schon ein Marketingcoup, etwas so Biederes wie Eistee, also eine Mischung aus Schwarztee, Fruchtsaft und Zucker, zur Anstößigkeit aufzupumpen. Wie eng die ungeschriebenen Regeln auf dem Gebiet der öffentlichen Erotik immer noch sind, kann man daran ablesen, dass bisher noch keine Sorten mit Namen »Stiff Banana« oder »Full Cherries« auf den Markt gebracht wurden.

Der Klassiker unter den kommodifizierten Konventionsbrüchen ist freilich die schwarze Lederjacke, die »Uniform der Unangepassten«.[4] Ihre legendäre Form fand sie im Modell »Perfecto« von 1928 der New Yorker Firma Schott, einer Motorradjacke, deren Revers überlappte und so besseren Windschutz bot. Öffnet man den zur Seite versetzten Reißverschluss, klappt das Revers um und bildet die Form eines klassischen Herrenjacketts – ein hämisches Zitat der Uniform des Bürgers.

Es fängt schon beim Material an, das in den Fünfzigern gegen die Erwartungen verstieß, weil es zu derb war, um für anderes als Arbeitskleidung zu dienen. Die Lederjacke, aus tierischem Material,

4 Diana Weis: Die schwarze Lederjacke. Uniform der Unangepassten. In: dies., Cool aussehen. Mode und Jugendkulturen. Hirnkost Verlag, Berlin 2012. Die Darstellung dieses Absatzes folgt dem Essay.

wie eine Jagdtrophäe getragen, Attribute des Bullen oder Hengstes suggerierend, wirkte allein schon dank betonter Schultern und schwarzer Farbe aggressiv. Aber erst als Uniform einer Gruppe erzeugte sie den Eindruck einer anarchischen Bedrohung durch die Jugend: Es waren nicht so sehr die Taten der Halbstarken, die Aufsehen erregten, sondern ihr Herumlungern in Gruppen Gleichgesinnter, ihre Abweichung vom Dresscode und den Normen des produktiven Lebens. Diese regelbrecherische Performance musste keine konkreten Regeln zum Gegenstand haben. Als Marlon Brando in »The Wild One« von 1953 als Johnny in besagter Lederjacke an der Jukebox lehnt, fragt ihn eine Tänzerin: »Hey Johnny, what are you rebelling against?« und zur Antwort gibt er: »What have you got?« Der Rebell ist offen für Vorschläge. Auch darin liegt die Anschlussfähigkeit der schwarzen Lederjacke. »Der Protest, den sie zum Ausdruck bringt, ist nicht präzise ausformuliert, doch druckvoll«, so Diana Weis in ihrem Essay zum Thema. »Dem Träger der schwarzen Lederjacke geht es nicht um spezifische politische oder gesellschaftliche Themen, seine Rebellion richtet sich gegen Politik und Gesellschaft als solche.«[5]

Durch einprägsame Vorbilder wie Brandos Johnny Strabler oder später Sid Vicious von den Sex

5 Ebd., S. 17.

Pistols wurde die schwarze Lederjacke so mit Bedeutung aufgeladen, dass gar nicht mehr gegen die Regeln verstoßen werden musste, um rebellischen Ruch auszustrahlen. Es reichte, eine zu tragen. Der Weg zu diesem ikonischen Kleidungsstück war üblicherweise weniger rebellisch. Man musste arbeiten, Geld verdienen und sparen, um sich antibürgerlich zu kleiden – eine »Perfecto« von Schott kostet heute um die 1.300 Euro. Mit der Inbesitznahme der Lederjacke erfolgt dann aber ein Initiationsritus, »dessen Folge eine Statusänderung ist – von brav zu böse bzw. von angepasst zu unangepasst«, so schreibt Diana Weis und betont: »Dabei darf nicht übersehen werden, dass es sich bei dem vollzogenen Ritual um einen Kaufvorgang, einen Konsumakt, handelt.«[6]

9. Ein ehrenwertes Haus: Nonkonformismus als Selbstvergewisserung

Udo Jürgens hat gleich zwei Mietshauslieder geschrieben, was ja auch für den deutschsprachigen Schlagermarkt sinnvoll ist, zeichnen sich Deutschland, Österreich und die Schweiz doch durch außergewöhnlich große Mieterpopulationen aus, wohingegen französische Chansons vielleicht eher von Einfamilienhäusern und Eigentumswohnungen handeln müssten. Jedenfalls ist der Song »Ein eh-

6 Ebd. S. 25.

renwertes Haus« das Pendant zu »Ich war noch niemals in New York«, um das es später noch gehen wird. Hier wird nicht die Geschichte eines sehnsüchtigen Spießers erzählt, der von New York träumt. Vielmehr berichtet ein gefühlter Avantgardist aus erster Hand, singt im Wir von sich und seiner Frau beziehungsweise Freundin, denn sie leben unverheiratet zusammen. Und eben dies stört die übrigen Mieter, ja sie haben in einer Mieterversammlung beschlossen, dass das junge Paar ausziehen solle, was Ausdruck ihrer bigott-reaktionären Einstellung ist. Der Ich-Erzähler nimmt den Rausschmiss zum Anlass, um über die Verfehlungen der sonstigen Mieterschaft herzuziehen. Einer denunziert Falschparker, eine andere spioniert, wieder ein anderer schlägt seine Tochter, und vieles mehr passiert in dem ehrenwerten Haus. Bemerkenswert dabei ist, dass keiner Gesetze übertritt, zumindest nicht die von 1975, als das Lied erschien. Im Gegensatz zur »wilden Ehe« des Ich-Erzählers gehen aber alle beklagten Handlungen zu Lasten anderer, die misshandelt, ausspioniert, angezeigt werden. Die Missachtung der Konvention durch den Ich-Erzähler stellt sich also im Vergleich zum Verhalten der übrigen Mieter im »ehrenwerten Haus« als moralisch überlegen dar. Das ist wohl auch einer der Gründe, warum Udo Jürgens hier die Rolle des Protagonisten als Sänger selbst ausfüllt, während er in »Ich war noch niemals in New York« über den Spießer mit Fernweh in der dritten Person singt.

Zur moralischen Überlegenheit kommt aber noch eine ganz andere Form der Genugtuung. Diese steckt nicht im Liedtext selbst, sondern im Einwurf der Backgroundsängerinnen. Denn die Liedzeile »Und die Gemeinschaft aller Mieter schreibt uns nun: Zieh'n sie hier raus!« bedenken sie mit einem anerkennenden »Hey, hey, hey!«. Der Rausschmiss wird also mit einer Anerkennungsäußerung bedacht, dem Staunen über die »Avantgarde«, die sich, allen Verboten und Schmähungen zum Trotz, behauptet. Bei allen Unannehmlichkeiten, die die Wohnungssuche so mit sich bringt, tut der Rausschmiss dem unverheirateten Paar also einen Gefallen, indem er eine Beziehung ohne Trauschein, wie sie in einer Großstadt, in der die Handlung des Liedes spielt, mitten in den Siebzigern längst normal ist, als etwas außerhalb der Norm und des Akzeptablen ausweist. Die beiden dürfen sich als romantische Regelbrecher fühlen, als Avantgardisten der Liebe. Obendrein wird ihre Verbindung mit dem mittlerweile anachronistischen Begriff der »wilden Ehe« bedacht, bei dem ohnehin viel mehr Leidenschaft mitschwingt als bei der eher gezähmt klingenden Ehe mit Trauschein. Es ist also ein Lied über die gelebte Freiheit jenseits des Geduldeten, wie man sie, umgeben von konservativer Sittlichkeit, leicht finden kann.

Während in »Ich war noch niemals in New York« ein verheirateter Mann mit Kind den Ausbruch aus seiner bürgerlichen Existenz probt, sich also nach der Freiheit jenseits des Erlaubten sehnt, vergewissert sich der Protagonist in »Ein ehrenwertes Haus«, dass er die Freiheit jenseits des Erlaubten bereits lebt. Die Gegnerschaft, die er in den übrigen Mietern erlebt, bestätigt sein Leben als Vertreter einer Avantgarde. Jener Ehemann, der gemäß den Konventionen lebt, strebt danach, sie zu brechen. Jener »wilde Ehemann«, der sich darin bestätigt fühlen darf, gegen die Konventionen zu verstoßen, braucht den Ausbruch nicht mehr. Er will nicht nach New York. Wahrscheinlich war er dort auch längst.

Es gibt viele, die ein Leben lang Rebellion und Nonkonformismus für sich beanspruchen, obwohl sie ganz wunderbar ins System eingefügt sind. So können Punkrocker, umstürzlerische Aktivistinnen und subversive Denker auch dann noch ihrem Geschäftsmodell folgen, wenn sie längst von den Medien hofiert, vom Staat mit Verdienstmedaillen ausgezeichnet und auf Professuren berufen worden sind. Dem Vorwurf des Spießertums entziehen sich andere mit Verweis darauf, dass sie keinen Hobbykeller haben, ihr Grundstück nicht mit Jägerzaun abgrenzen und auch in keinem Kegelclub Mitglied sind. Sie versuchen dann mit gewissen anerkannten Insignien, etwa sportlich-jugendlicher Kleidung, Witzen über kleinbürgerliches Leben und fernreisende Weltläufigkeit, das Gegenteil von dem darzustellen, was einst als Spießer galt. Hier zeigt sich eine Form des von Andreas Reckwitz diagnostizierten kreativen Imperativs in der Gesellschaft der Singularitäten. In gewissen Milieus ist es zum Pflichtprogramm geworden, Individualität und Nonkonformismus zur Schau zu stellen. Mit dem Schwinden der konformen und regeltreuen Normalos wird allerdings die Sinnhaftigkeit dieses Selbstbilds in Frage gestellt. So wäre es zum Beispiel interessant zu wissen, wie viele gutsituierte Zeitgenossen mit Freiheitsdrang es noch braucht, bis genügend Leute sich eine Harley-Davidson angeschafft haben, dass sich der damit verbundene Ruch von Übertretung und »Born to Be Wild« verflüchtigt hat. Den Bikern mit Saisonkennzeichen gehen die braven Bürger aus, von denen sie sich wochenends abgrenzen wollen.

10. The Bad Touch: wie sexuelle Tabus die Erotik erst ermöglichen

Es scheint ein Paradox zu sein: Trotz fortschreitender sexueller Liberalisierung häufen sich in den letzten Jahren die Schlagzeilen, dass die Menschen immer weniger Sex haben. Eigentlich sollte die Befreiung doch ein Mehr möglich machen! Dass dem nicht so ist, würde George Bataille nicht verwundern, denn für ihn ist das Verbot und dessen Überschreitung die Essenz der Erotik. Wir sprechen gerne von Sex und Sexualität; für Bataille bezeichnen diese Begriffe jedoch die rein mechanischtierischen Aspekte. Wir Menschen zeichnen uns dadurch aus, dass wir unseren Handlungen Bedeutung geben und diese Bedeutung empfinden, sogar als etwas entscheidend Wichtiges empfinden. Menschen sind wie Tiere zur Sexualität fähig, doch Erotik – das, was auf der Bedeutungsebene stattfindet, und was die Sexualität erst interessant macht –, das können nur wir. Irgendwie muss nun diese Bedeutung erzeugt werden, und nach Bataille geschieht dies durch das Verbot. Es ist also der Reiz des Verbotenen, des als sündig Empfundenen, der die Erotik ausmacht.

Das Verbot der Sexualität ist natürlich nicht zum Zweck der Steigerung des erotischen Empfindens geschaffen worden. Zunächst einmal diente es der Regulierung des Zusammenlebens. Phasen der gemeinschaftlichen Arbeit mussten von den Leidenschaften abgetrennt werden, um zu funktionieren. Für die Sexualität gilt laut Bataille, »dass sie als unmittelbare Regung die Arbeit stören könnte: Eine arbeitsame Gemeinschaft darf ihr während der Arbeit nicht ausgeliefert bleiben. Wir dürfen daher begründeterweise annehmen, dass der sexuellen Freiheit von Anfang an eine Grenze gezogen werden musste, die wir ein Verbot nennen dürfen, ohne aber sagen zu können, in welchen Fällen es zur Anwendung kam.«[7]

7 George Bataille: Die Erotik. A. a. O., S. 71.

Dieses Verbot, eigentlich zur Regulierung des Gemeinschaftslebens geschaffen, versieht nun die Sexualität mit einer Bedeutung, einer besonders gewichtigen Bedeutung sogar, denn laut Bataille sakralisiert sie die Sexualität. »Das Verbot kann die zum Leben notwendigen Aktivitäten nicht unterdrücken, aber es kann ihnen den Sinn der religiösen Überschreitung verleihen.«[8] Die Sexualität ist also einerseits tabuisiert, aber dadurch andererseits auch etwas Heiliges. Sie erlangt durch ihre Tabuisierung allerhöchste Bedeutung.

Die Sakralität besteht nun nicht darin, dass Sexualität weihevoll und andächtig vollzogen wird, sondern gerade im Exzess der Überschreitung. Diese unreine Form der Sakralität findet sich laut Bataille im heidnischen Stadium der Religion, während das Christentum diese unreine Sakralität verwarf und sich auf die reine Sakralität konzentrierte, weshalb uns die frühere Form wohl heute so verwirrend und fremd erscheint. Der Übertritt aus dem regulierten Menschsein in die wilde Animalität wird zelebriert. Dabei ist jedoch nicht das rein Animalische das Ziel, sondern der Akt der Überschreitung.

»In der menschlichen Sphäre löst sich die sexuelle Aktivität von der animalischen Einfachheit. Sie ist wesentlich Überschreitung. Nach dem Verbot ist das keine Rückkehr zur ursprünglichen Freiheit.«[9]

8 Ebd., S. 104.
9 Ebd., S. 150.

Wenn also die Bloodhound Gang in »The Bad Touch« singt: »You and me, baby, ain't nothin' but mammal / So let's do it like they do on the Discovery Channel« (in etwa: »Du und ich, Baby, wir sind auch nur Säugetiere, also lass es uns tun wie in den Tierdokus«), ist das gerade keine Kunde von der Rückkehr zur tierischen Natürlichkeit, sondern Ausdruck besonders ausschweifender Überschreitung. Es »wie die Tiere« miteinander zu treiben, ist für den Menschen gerade nicht das Natürliche und Selbstverständliche, sondern ein tabuisierter Bruch mit der eigenen Menschlichkeit. Gleichzeitig gilt, dass es gerade die Überschreitung ist, die wir in der Erotik anstreben.

Für die Abwesenheit des Gefühls der Überschreitung gibt es den Begriff Blümchensex, der zwei interessante Anklänge hat. Zum einen wird dieser Sex, der sich durch die Abwesenheit der Überschreitung auszeichnet, nicht etwa als braver Menschensex bezeichnet, sondern sogar zur Pflanzlichkeit reduziert. Ein Menschensex ohne animalischen Aspekt wird also nicht mal mehr als menschlich erachtet. Zweitens sind Bienchen und Blümchen das Klischeebild verstockter elterlicher Sexualaufklärung, wie sie fragenden Kindern aufgetischt wird. Blümchensex hat damit den Anklang einer noch gar nicht verstandenen, noch gar nicht verständlichen Erotik.

Bataille zufolge ist es also gerade die Überschreitung, das Herbeiführen und Hereinbrechen des tabuisierten Animalischen, das die Erotik ausmacht.

»Die innere Erfahrung der Erotik verlangt von dem, der sie macht, eine nicht weniger große Sensibilität für die Angst, die das Verbot begründet, als für das Begehren, das zu seiner Übertretung führt.«[10] So sieht er die Abwesenheit der Überschreitung denn auch als das Scheitern der Erotik.

»Wenn die Überschreitung nicht deutlich ist, kann es vorkommen, dass auch das Gefühl der Freiheit ausbleibt, das für die Fülle sexuellen Genusses erforderlich ist. Sodass der übersättigte Geist manchmal eine anstößige Situation braucht, damit der Reflex der finalen Wollust ausgelöst wird (oder wenigstens die Vorstellung einer solchen Situation, der er, während der Dauer der Vereinigung, wie in einem Wachtraum folgt).«[11]

George Batailles hier zitiertes Hauptwerk »Die Erotik« erschien 1957, Bataille starb fünf Jahre später, er erlebte also nicht mehr die sexuelle Revolution und all die weiteren Schritte der sexuellen Liberalisierung. Wie ist es, wenn das Tabu an Bedeutung verliert? »Wenn das Verbot nicht mehr wirkt«, so Bataille, »wenn wir nicht mehr an das Verbot glauben, ist die Überschreitung unmöglich; aber ein Gefühl der Überschreitung bleibt bestehen, und sei es in der Aberration.«[12] So ist es wohl in der Erotik nach der sexuellen Befreiung. Gesetze wurden ge-

---

10 Ebd., S. 55.
11 Ebd., S. 149.
12 Ebd., S. 195.

ändert, gesellschaftliche Tabus haben sich gelockert oder sogar aufgelöst. Trotzdem wird in Hinsicht auf die Erotik immer noch gerne von einem sündigen Tun gesprochen, ist diese Aktivität mit Scham belegt. Verbote, die nicht mehr gelten, setzen also ihre Wirkung fort, eine erwünschte Wirkung, ermöglicht sie doch die Überschreitung, die Grundlage der Erotik ist. Man könnte sich leicht lustig machen über die ganz eigenen Geheimnisse und Heimlichkeiten, die jedes langfristige Paar und jede kurzfristige Paarung miteinander haben. Was dort Neues und Gewagtes miteinander versucht wird, sei doch alles bereits millionenfach von anderen ausgeführt worden und somit völlig normal, aber es ist eben das »Gefühl der Überschreitung«, was entscheidet, nicht die objektiv geltenden Normen. Wem dieses Gefühl der Überschreitung abgeht, der kann sein Heil suchen in der Aberration, der Abweichung. Vielleicht ist dies der Mechanismus im kurzen Trend zu BDSM, der nach dem Erfolg von »Fifty Shades of Grey« eintrat. In einer sexuell dermaßen liberalisierten Gesellschaft brauchen wir dringend neue Kinks, neue Abweichungen, weil der Bereich der Erotik, der als normal erachtet wird, immer breiter wird und somit neue Möglichkeiten der Überschreitung erschlossen werden müssen. So wird ein Randphänomen zum sexuellen Mainstream, bis auch dies seinen Reiz, den Reiz des Verbotenen, verliert.

11. Verbotene Liebe: warum man zusammen Pferde stiehlt

Ähnlich erwünscht wie in der Erotik ist die Übertretung in der romantischen Liebe. Wir haben bereits in der Einführung den Mythos vom Bett im Kornfeld untersucht, einen Ausdruck besonderer Romantik, eine Übertretung, die von Leidenschaft zeugt und den Verliebten emphatisch zugebilligt wird. Das Bett im Kornfeld für Frischverliebte ist zu einem Standard der Lebenskunst geworden. Wenn auch verboten, scheint es ein Anrecht darauf zu geben. Das merkt man an den Reaktionen, welche die folgende Zeitungsmeldung auslöst.[13]

»Ein Jäger hat bei Nauen in Brandenburg auf ein Liebespaar geschossen und dabei den Mann getötet und die Frau schwer verletzt. Der Vorfall geschah am Mittwochabend in der Dämmerung. Die Ermittler gehen von einem Unglücksfall aus. Die 23 Jahre alte Frau war nach einer Notoperation zunächst nicht vernehmungsfähig. Der 30 Jahre alte Jäger wurde von der Polizei am Donnerstag angehört. Demnach sagte er, nahe einer Champignon-Farm im Nauener Ortsteil Tietzow auf einem Hochstand auf Wild gewartet zu haben. Als es in der Dämmerung im Maisfeld geraschelt habe, habe er angelegt

---

13 »Jäger schießt auf Liebespaar im Feld – Mann tot« auf welt.de vom 10.09.2015, zuletzt abgerufen am 30.05.2024.

und geschossen. Statt seiner Jagdbeute entdeckte er dann das angeschossene Liebespärchen.«

Diese Geschehnisse sind für Außenstehende trauriger als andere Unfälle oder fahrlässige Tötungen. Es gibt wohl eine gewisse Wahrscheinlichkeit, von eifrigen Jägern erschossen zu werden, wenn man in Feldern und Wäldern unterwegs ist, doch beim Liebesakt im Maisfeld getötet zu werden, erscheint besonders tragisch. Glück und Grauen liegen hier so dicht beieinander: Einerseits verlangt die Romantik das Recht auf diese Übertretung, andererseits kann die Leidenschaft solch brutale Folgen haben. Der Jäger hat nicht bloß einen Mann getötet und eine Frau schwer verletzt, er hat damit auch einen Mythos getroffen.

Weshalb geht von der verbotenen Liebe so ein großer Reiz aus? Erfahren wir von einem Paar, das gegen größte Widerstände zueinanderfindet, schließen wir wohl aus all den Risiken, Entbehrungen und Anstrengungen, die beide auf sich nahmen, auf die Größe des Gefühls. Und der psychologischen Attributionstheorie zufolge müsste das Paar selbst genauso denken: Warum tun wir uns das alles an? Na, weil unsere Liebe so groß ist.

Hinzu kommt, dass diese verbotenen Lieben, so sie denn überhaupt zu Erfüllung und also Zweisamkeit führen, oft nicht von langer Dauer sind. Romeo und Julia sind im Tod vereint und nicht etwa beim Streit über die Aufteilung der Pflichten im Haushalt oder bei der Bausparberatung der örtlichen Volksbank. Verbotene Lieben erscheinen besonders süß, weil es meist jene sind, die keine Erfüllung finden, oder denen keine Dauer beschert ist, die somit die Mühen der Ebene nicht erreichen. Kommt es schließlich zur Trennung, heißt es nicht, man habe sich auseinandergelebt, sondern es waren die äußeren Umstände, die das Paar auseinandergerissen haben. Oft zerschellt die Romantik an der Realität. Die Liebe jenseits des Erlaubten, die nur erträumt und fantasiert wird oder in ihrer Verwirklichung eng begrenzt ist, lässt hingegen reichlich Raum für Projektion.

Gibt es darüber hinaus einen besonderen Zusammenhang zwischen der Liebe und dem Verbotenen? Fast scheint es so, ist doch ein gängiger Anspruch an den Partner, mit ihm Pferde stehlen zu können. Entscheidend ist wohl das sozial Bindende an dieser potentiellen Tat. Der Pferdediebstahl steht für einen Akt großer Offenheit und unbedingten Vertrauens. Zwar wird nicht im engeren Sinne ein Geheimnis geteilt, vielmehr wird im Akt des Pferdestehlens ein Geheimnis geschaffen, das durch die gegenseitige Mitwisserschaft geteilt wird. Das gilt selbstverständlich nicht nur für Liebende; auch eine jugendliche Sprayer-Gang, eine Drogenrunde oder ein Zusammenschluss von Ladendieben kann in der gemeinsamen Übertretung Zusammenhalt finden. Das geteilte Geheimnis ist laut Georg Simmel »eine höchst wirkungsvolle Schulung des moralischen Verbundenseins unter den Menschen«.

Indem man gemeinsam Pferde stiehlt, macht man sich verletzlich und signalisiert damit dem anderen, dass man ihm vertraut. Man geht ins Risiko und beweist damit, dass man ihn wertschätzt. Dies geschieht ebenso in der Sphäre der Erotik. Gemeinsamkeit und Bindung entstehen dadurch, dass man durch die sexuelle Begegnung etwas preisgibt: die eigenen Vorlieben etwa – die man selbst nahestehenden Menschen gegenüber, zu denen kein sexuelles Verhältnis besteht, niemals äußern würde.

Neben dem Nachweis intimer Nähe, der durch die gemeinsame Übertretung geführt wird, dient diese auch der Abgrenzung gegenüber und der Erhebung über die Alltagswelt. In der Liebesbeziehung betreibt man eine trotzige Abneigung gegenüber dem sozialen Umfeld, hält die eigene Zweisam- und Gemeinsamkeit für mehr und wertvoller als das, was alle anderen haben. Mitunter ist dies das letzte, was noch von einer Beziehung übrig ist, bevor sie zerbricht: das Ressentiment gegen andere Paare. Aus dieser Überheblichkeit, die konstituierender Teil der romantischen Liebe ist, erwächst die Berechtigung, sich mehr füreinander rauszuholen. Daher das romantische Identifikationspotential von Gangsterbraut und -bräutigam, wie es die Toten Hosen in einer bekannten Liebesschnulze verarbeiteten:

Mit Dir will ich die Pferde stehl'n, die uns im Wege sind /
Ich geh mit Dir durch dick und dünn bis an das Ende

dieser Welt / Leg Deinen Kopf an meine Schulter; es ist schön, ihn da zu spür'n / und wir spielen Bonnie & Clyde / Komm, wir klauen uns ein Auto; ich fahr Dich damit rum / und wir spielen Bonnie & Clyde / Was wir zum Leben brauchen, werden wir uns schon irgendwie hol'n / Wir rauben ein paar Banken aus oder einen Geldtransport / Wir schießen 2, 3, 4, 5 Bullen um, wenn es nicht mehr anders geht / Jeder weiß genau, was er da tut, wenn er uns aufhalten will

Die Liebenden sind nicht aufzuhalten, höchstens durch den Tod, aber eigentlich ist ihre Liebe auch stärker als er. Wenn die ganze Welt gegen einen ist, fühlt man sich einander um so näher.

Gesellschaftliche Funktion der Übertretung

12. Schwänzen, Spicken und Zu-spät-Kommen: Schule und Jugend als Versuchslabor für Übertretungen

Eine befreundete Theologin wird bald, nach Abschluss ihrer Doktorarbeit, in den Schuldienst eintreten, als Gymnasiallehrerin für Deutsch und evangelische Religion. Sie ist gut informiert in linker Theorie, hat eine Vergangenheit in der Punkszene und als Mitglied einer Hardcore-Band. Das ist zwar alles vorüber und Jahre her, trotzdem ist es ein wichtiger Teil ihrer Vergangenheit und somit wohl auch ihrer heutigen Person. Sie will aber nicht, dass ihre Schüler davon erfahren. Sie fürchtet keinen neuen Radikalenerlass, es geht ihr nicht darum, dass die Schüler Vorurteile gegen sie entwickeln könnten, sie nicht mehr ernst nehmen oder es gar gegen sie verwenden würden, nein. Sie will nicht, dass ihre Schüler erfahren, dass die brave Lehrerin für Religion und Deutsch einst Punk war, weil sie ihnen dieses Feld der Rebellion nicht wegnehmen will. Würde diese Subkultur nicht jeden Reiz für die Schüler verlieren, wenn sie wüssten, dass sie damit bei der Lehrerin nur einst geöffnete Türen einrennen? Andere gealterte Rebellen gehen nicht so rücksichtsvoll mit nachfolgenden Generationen um, sie hinterlassen ihnen gebrochene Tabus, aus denen längst aller Reiz entwichen ist, und bezichtigen die Jüngeren obendrein noch der Spießigkeit.

So löblich das Handeln der Lehrerin auf den ersten Blick erscheinen mag, kann man es auch hinterfragen. Sie scheint die Jugend, wie so viele andere es auch tun, als Lebensstadium für Rebellion und Regelbruch zu sehen, als eine Phase, die mit Eintritt ins Erwachsenenalter abgeschlossen wird. Es bleibt allerdings zu fragen, was dies denn für eine Rebellion ist, wenn sie, anstatt auf wirklichen Widerstand, auf ein eher gönnerhaft zu nennendes Verschweigen der eigenen Abgeklärtheit trifft. Oder anders formuliert: Tut man nicht gerade das Falsche, wenn man das jugendliche Rebellionsbedürfnis sich in solcherlei bekannten Gefilden austoben lässt, statt der nachfolgenden Generation reinen Wein einzuschenken, damit sich die Übertretungslust wahrer Tabus annimmt? Es ginge also um die Frage, ob der jugendliche Drang als etwas Überflüssiges betrachtet wird, das es zu kanalisieren gilt, oder als etwas durchaus Berechtigtes, das ein angemessenes Objekt finden sollte.

Tatsächlich bietet die Schulzeit allerlei Möglichkeiten zu harmlosen Übertretungen. Zu spicken, abzuschreiben, sonst wie zu schummeln, zu spät zu kommen oder zu schwänzen, sind ja allesamt harmlose Regelbrüche, derer man sich aber als Jugendlicher rühmen kann und auf die man auch als Erwachsener mit Amüsement und einem gewissen

Stolz zurückblickt. Die Schule scheint wie geschaffen für den sozialverträglichen Regelbruch, denn wem schadet er schon? Die Regeln werden doch auf niemand anderes Kosten gebrochen. Das Schulsystem hat zumindest diesen einen Vorteil, dass es dem Übertrittsbedürfnis ein breites Spektrum an Befriedigungsmöglichkeiten bietet. Allein, diese Übertretungen sind allesamt gemeinhin akzeptiert. Man kennt die Abizeitungen der älteren Jahrgänge, und in jeder Ausgabe aufs neue wiederholen sich die Heldengeschichten von vorgetäuschten Krankheiten und erschummelten Schulnoten. Das Innovative, das Bahnbrechende, das die eigene Individualität Ausdrückende, das man sich von der Übertretung verspricht, ist hier gerade nicht zu finden. Mehr noch: Das Abschreiben, Spicken, die gefälschten Entschuldigungen, das ist den Lehrern wohlbekannt und letztlich völlig egal. Sie haben es früher selbst gemacht. Doch natürlich sind sie per Dienstvorschrift verpflichtet, sich dies innere Schulterzucken nicht äußerlich anmerken zu lassen. Was also meine Bekannte aus eigener Motivation macht, nämlich ihre Punkvergangenheit verschweigen, um den Schülern nicht diesen Raum der Rebellion zu nehmen, das machen ständig alle Lehrer, indem sie mit Strenge das Zuspätkommen tadeln, das Spicken verfolgen und die Entschuldigungen kritisch beäugen. Sie verschweigen ihre eigene Vergangenheit als Langschläfer, Schummler und Faulpelze und lassen so jeder neuen Generation die Möglichkeit, den Raum jenseits dieser Regeln frisch für sich zu erobern.

Die Schulzeit ist als Phase des Regelbruchs so allgemein anerkannt, dass sie sich selbst im per se biederen Genre der deutschen Filmkomödie wiederfindet. Eine der bekanntesten Schulkomödien heißt »Fack ju Göhte«. In den späten Sechzigern und frühen Siebzigern waren es »Die Lümmel von der letzten Bank«, die den Lehrern Streiche spielten, wohlgemerkt jenen, die wohl selbst zur Schule gingen, als Johann Pfeiffer in der »Feuerzangenbowle« seinen Paukern Streiche spielte. Es scheint ganz selbstverständlich zur Funktion der Schule zu gehören, gewisse Übertretungsmöglichkeiten entgegen aller Tendenz zur Abnutzung aufrechtzuerhalten. Darüber hinaus ließe sich behaupten, dass die allgemeine gesellschaftliche, ja wohl sogar elterliche Erwartung darauf hinausläuft, dass in der Schule über die Stränge zu schlagen sei. Besonders die letztgenannte »Feuerzangenbowle« demonstriert das eindrücklich. Die Berliner Premiere im Januar 1944 fand vormittags statt, weil später mit Bombenalarm zu rechnen war.[1] Eigentlich sollte der Film vom Reichsministerium für Volksbildung verboten werden, wegen des Angriffs auf die Autorität des Lehrers, aber Hitler und Goebbels wollten den Film unbedingt.

1 »Vor 75 Jahren – Premiere der Feuerzangenbowle« auf deutschlandfunk.de vom 28.01.2019, zuletzt abgerufen am 14.07.2023.

Nun ist es aber schwer zu glauben, dass in einem Terrorstaat heimlich ein Herz für leidenschaftliche Individualität und Ungehorsam schlug. »Die Feuerzangenbowle« beginnt mit einer Szene, in der eine Männergruppe trinkt und über frühere wilde Zeiten redet. Heute hingegen sind die Herren ganz brav, der Ausbruch findet nur mehr in den Erinnerungen statt. Und so konnten auch die Mitglieder der Volksgemeinschaft damals aus der »Feuerzangenbowle« mitnehmen, dass die Schule zwar der Raum für Ungehorsam ist, doch eben ein geschlossener Raum, und dass damit auch Schluss sein müsse. Die so befreit lachenden Schülerdarsteller sollten dann bald schon gehorsam an der Front töten und getötet werden.

Die Schule domestiziert also mitunter auf eine ganz andere Weise als erwartet. Nicht die Anpassung an das starre System von Regeln sorgt für eine Formung der Schüler, die sie für ihr Restleben ins Raster passen lässt, nein, die Schule macht gerade Angebote für Regelverstöße, die im späteren Leben nicht mehr ausagiert werden müssen, wo sie womöglich gravierend und folgenreich wären. Statt im Berufsleben über die Stränge zu schlagen, erinnert man sich beim Besäufnis mit alten Freunden an die glorreiche Schulzeit zurück.

Tatsächlich scheinen viele das Erwachsenwerden als Schritt in die sogenannte Spießigkeit zu betrachten und behaupten deshalb, niemals erwachsen werden zu wollen. Was natürlich kindisch ist, aber kindisch sein wollen sie ja wohl. Jedenfalls ist es doch eigentümlich, dass das Erwachsenwerden, also jener Prozess des Zugewinns an Unabhängigkeit und Freiheit, so oft als Einschränkung der Lebensmöglichkeiten begriffen wird. Vielleicht fühlt sich manche Jugend freier an als das folgende Erwachsensein – nicht etwa, weil man in jungen Jahren weniger, sondern weil man in jungen Jahren mehr Regeln zu befolgen hatte, sie aber ohne größere Folgen brechen konnte. Was durch das Erwachsenwerden verlorengeht, ist manche Möglichkeit zur konsequenzlosen Übertretung, denn niemand mehr verbietet Saufgelage, verordnet Bettzeiten oder verlangt Tischsitten.

Bei Jugendlichen dient der Regelbruch aber auch der Selbstfindung und der Orientierung in der Welt. Wenn man sich nur innerhalb der Regeln bewegt, kommt man nicht mit jenen Widerständen in Kontakt, die einem die eigenen Wünsche und den eigenen Charakter klarer aufscheinen lassen. Was bin ich bereit an Gegenwind in Kauf zu nehmen, um meinen Weg zu gehen? Wie weit kann ich gehen, und wie nah bin ich mir selbst dabei? Der Regelbruch an sich ist wertvoll, weil er Selbsterfahrung bringt. Man erfährt sich selbst dort, wo man abweicht, nicht dort, wo das Verhalten aller sich gleicht, nicht dort, wo das Tun nur von Regeln bestimmt ist, statt von einem selbst.

Doch nicht nur sich selbst, auch die Regeln lernt man kennen. Manche sind nur so zu erfahren, wie man in einem dunklen Raum die Wände erspürt: indem man dagegen stößt. Denn längst nicht alle Regeln sind so klar formuliert oder überhaupt formuliert wie der Beginn der Unterrichtszeit. Gerade mit Blick auf die evolutionäre Vergangenheit des Menschen gab es da von Gruppe zu Gruppe ganz unterschiedliche Regeln, die nicht nachzulesen waren, sondern die nur im Falle von Verstößen erfahrbar wurden. Und wenn heutzutage Jugendliche Übertretungen begehen, dann ja nicht nur gegenüber den klar formulierten Regeln von Schulpflicht und Unterrichtsbeginn, sondern auch gegenüber den informellen Regeln des zwischenmenschlichen Umgangs, bei denen erst durch den Schritt darüber hinaus erkennbar wird, wo die Grenze liegt. »Die Erziehung enthüllt einen Aspekt«, so schreibt Bataille, »aber er wird nie ausdrücklich formuliert. Die Erziehung geht nicht weniger durch Verschweigen als durch leise Warnungen vonstatten. Aber nur unmittelbar, durch verstohlene – und zunächst teilweise – Entdeckung des verbotenen Bereichs gibt sich uns das Verbot zu erkennen.«[2]

Der Erwachsene hingegen hat sich selbst und seine Orientierung in der Welt schon weitgehend gefunden. Bricht der Erwachsene die Regeln, dann mitunter, weil er einem höheren Prinzip folgt. Wie

---

2 George Bataille, a. a. O., S. 149 f.

Henry David Thoreau, der seinem Heimatstaat Massachusetts die Zahlung der Steuern verweigert, weil er die Sklaverei und den Mexikokrieg aus moralischen Gründen nicht mit seinem Geld unterstützen will, und sogar ins Gefängnis geht für diese Überzeugung.

Natürlich ist der reife Regelbruch nicht per se moralisch wertvoll. Doch handeln Erwachsene meist bedachter oder ganz bewusst unbedacht, sie treibt wohl nicht jene intuitive Intensität des Jugendlichen, die gerade auf den Konflikt abzielt, den Erwachsene meist zu vermeiden suchen.

Eine einschränkende Anmerkung sei aber zum anscheinend größeren Übertretungsdrang der Jugendlichen im Vergleich zu dem von Erwachsenen noch gemacht, denn schließlich stellt eine Handlung wie das Spicken nicht inhärent eine Übertretung dar, erst ein Verbot macht sie dazu. In einer anderen Situation wäre es hingegen vollkommen legitim, die eigenen Aufzeichnungen zu Rate zu ziehen. »Abweichendes Verhalten wird von der Gesellschaft geschaffen«, so der Soziologe Howard S. Becker in einem Klassiker zum Thema. Er führt weiter aus, »dass gesellschaftliche Gruppen abweichendes Verhalten dadurch schaffen, dass sie Regeln aufstellen, deren Verletzung abweichendes Verhalten konstituiert [...] Von diesem Standpunkt aus ist abweichendes Verhalten keine Qualität der Handlung, die eine Person begeht, sondern vielmehr eine Konsequenz der Anwendung von Regeln durch andere.«[3] Das Aufstellen von Regeln steht nicht jedem offen. Selbst in einer Demokratie sind gewisse Gruppen strukturell von der Festlegung gemeinsamer Regeln ausgeschlossen. Am eindeutigsten ist dies bei Minderjährigen der Fall:

»Regeln [...] werden ohne Bezug zu den Problemen der Heranwachsenden aufgestellt. Mehr noch: Jugendliche sehen sich umgeben von Regeln [...], die von älteren und etablierten Menschen aufgestellt wurden. Es wird als legitim erachtet, so zu verfahren, denn Jugendliche werden weder für verständig noch verantwortlich genug gehalten, um passende Regeln für sich selbst aufstellen zu können.«[4]

Vor diesem Hintergrund ist es wenig verwunderlich, wenn Jugendliche eher zum Regelbruch neigen als Erwachsene. Es ist ähnlich wie bei Erwachsenen, die sich in einer fremden Umwelt noch nicht zurechtfinden. Indem die Jugendlichen erwachsen werden, haben sie nicht bloß die Regeln erlernt und verinnerlicht, sich ihnen angepasst, sondern sie haben sich ganz automatisch und ohne jeden Prozess der Assimilation in andere Wesen, nämlich Erwachsene, verwandelt, denen die geltenden Regeln nun viel besser passen. Die Bedürfnisse und die Prioritäten haben sich durch den Prozess des Älterwerdens

---

3 Howard S. Becker: Außenseiter – Zur Soziologie abweichenden Verhaltens. Aus dem Amerikanischen von Norbert Schultze. Fischer Taschenbuch Verlag, Frankfurt a. M. 1981 (1973), S. 10.

4 Ebd., S. 15.

verändert. Viele Menschen sind in ihrer Jugend über die Forderung nach der Legalisierung von Cannabis politisiert worden, mit den Jahren kam ihnen allerdings zumindest die Dringlichkeit dieser Forderung, wenn nicht sogar die Überzeugung, sie durchsetzen zu müssen, abhanden. Das trifft auch auf viele derjenigen zu, die sich als Jugendliche vom Cannabis nicht politisieren, sondern nur mehr berauschen ließen, die vom eigenen Einfamilienhaus mit Garten lediglich deshalb träumten, weil sie dort sämtliche Rauschpflanzen anzubauen gedachten, die in gemäßigtem Klima gedeihen. Das Einfamilienhaus haben sie mittlerweile, aber ihr Rauschbedürfnis befriedigen sie inzwischen ausschließlich mit Bier der lokalen Brauerei.

13. Jenseits des Tempolimits: die kontrollierte Übertretung als Ventil

Ein ehemaliger Mitschüler von mir, Sohn amerikanischer Eltern, war ein strenger evangelikaler Christ. Er war sportlich, gebräunt und großmäulig – und wollte vor der Ehe keinen Sex haben. Wir fragten und stichelten, ob er nicht doch mal ... aber er blieb eisern. Dabei war er ständig von Frauen umgeben. Mehrmals die Woche bildete sich eine Traube von Schülerinnen um ihn, und in der großen Pause verschwanden sie in einem eigens dafür zur Verfügung gestellten Raum. Dort veranstaltete er den Schülerbibelkreis. Mit all diesen Mädchen hatte er nie etwas gehabt, trotzdem war er ständig mit ihnen unterwegs, mit Gottvertrauen und scheinbar ohne Versuchung. Irgendwann machte eine Geschichte über ihn die Runde: Als er mit einer seiner Bibelschülerinnen nach dem Abendprogramm in der Kreisstadt den letzten Bus verpasst hatte, gingen sie einfach ins nächstgelegene Hotel und dort zielstrebig auf den Aufzug zu. Sie atmeten erleichtert auf, als sich die Türen hinter ihnen schlossen, und fuhren ins oberste Stockwerk. Sie probierten jede Tür, bis eine, halleluja, sich öffnete, blieben für die Nacht und nahmen den Bus am folgenden Morgen. Nun könnte man meinen, dass, will ein junger Mann den Sex vor der Ehe vermeiden, er nicht mit einer jungen Frau in ein Hotelzimmer einbrechen sollte, um dort gemeinsam die Nacht zu verbringen, denn Gelegenheit macht bekanntlich Sünder. Vermutlich verhielt es sich bei ihm aber andersherum, dass er nämlich die für ihn so wichtige Regel trotz allem Sturm und Drang einhalten konnte, gerade weil er viele kleine brach, auch wenn diese durchaus Straftaten waren, im Gegensatz zu seinem biblischen Gebot.

Auch in diesem Sinne ist die Freiheit jenseits des Erlaubten ein Ventil, eines, das gewisse libidinöse Energien entweichen lässt. Irgendwo müssen sie hin, und da ist es sinnvoll, ihnen einen sozialverträglichen Abbau zu ermöglichen: Schwarzfahren ersetzt Vandalismus, Sex auf der Flugzeugtoilette verhindert womöglich dichtes Auffahren im Straßenverkehr. Die freie Fahrt für freie Bürger auf deutschen Autobahnen ist nur deshalb nicht – wie in allen anderen Ländern der Welt – durch ein Tempolimit eingeschränkt, weil dies Einsehen und Vernunft bedeuten würde: Es gibt kein Tempolimit auf deutschen Autobahnen, um den Bürgern in einem überreglementierten und überbürokratisierten Land diese Form der Unvernunft explizit zu gewähren.

In meiner Zeit als Anhalter nahm mich einmal eine schwedische Reisegruppe mit, ein Verbund von vier Ehepaaren, verteilt auf fünf schwarze Mercedes-S-Klasse. Als wir von der Raststätte auf die Autobahn fuhren, drehte sich der Mann am Steuer noch einmal nach mir um und fragte: »Bist du schon einmal 250 gefahren?« Ich weiß nicht mehr, was meine Antwort gewesen war, nur wenige Sekunden später jedoch lautete sie eindeutig ja. Allerdings erfuhr ich von diesem Tempo nur durch die Tachonadel. Die Limousine war so gut gefedert und motorisiert, dass ich von der Geschwindigkeit nichts merkte; ja mit einem Ford Fiesta bei Tempo 120 hätte man mehr vom Rausch der Geschwindigkeit gehabt. Und so rasten diese Schweden völlig ohne Eile, ganz ohne Rausch der Geschwindigkeit. Und doch erzählten sie mir, dass sie nur zum Autobahnfahren nach Deutschland gekommen seien. Sie machten Urlaub von ihrer Geschwindigkeitsbegrenzung, begingen eine Übertretung für Freunde des Legalen. Eigentlich hatten sie ein ähnliches Reiseanliegen wie ich Jahre zuvor in Amsterdam.

Ein andermal war ich wieder mit 250 Sachen unterwegs, diesmal allerdings in einem weniger schicken Auto. Hier erzählte mir der Fahrer, dass er schon mal wegen Raserei zum Idiotentest geladen worden sei. Dann lachte er verschmitzt und fügte hinzu: »Aber ich habe sie von meiner Ansicht überzeugt!« Und mit der Überzeugung, die Amtlichen mit Schläue übers Ohr gehauen zu haben, klebte er mit noch größerem Vergnügen an der Stoßstange des Vordermannes. Auf welche andere Übertretung würde ein braver Bürger mit solchem Stolz verweisen?

Es gibt keine Geschwindigkeitsbegrenzung auf deutschen Autobahnen, trotzdem haftet dem Fahren bei hoher Geschwindigkeit etwas Verruchtes an. Der Stolz des Rasers ist der des Sünders. Es muss schon ein Gefühl dafür da sein, dass es falsch ist, um Vergnügen zu wecken. Warum sonst wäre die Abwesenheit des Tempolimits mit einem solchen Freiheitspathos belegt? Hier begibt man sich heldenhaft in Gefahr, lässt zumindest die Vernunft außer acht, die das Abenteurertum ablehnt, und ist ganz bei sich. Somit ist der ständige Streit um die Einführung eines Tempolimits funktionales Erfordernis für den Wert der Limitlosigkeit. Von einer Fahrt im ICE bei Tempo 300 geht jenseits der Zeitersparnis kein Reiz aus. Hohe Geschwindigkeiten auf der Autobahn haben aber den Bonus, dass sie nach Meinung vieler eigentlich verboten gehören. So kann man zwar vollkommen legal mit 250 über deutsche Autobahnen jagen, kann sich aber gleichzeitig am Ruch des Tabubruchs freuen.

14. Hochstapelei als Gesellschaftskritik: die Übertretung als Mittel der Aufklärung

Ob ich nicht als Oberarzt anfangen wolle, hieß es in der Mail, die ich überraschend aus der Schweiz erhalten hatte. Ich bin kein Arzt, habe nicht einmal Medizin studiert, nur Soziologie, doch ich habe in der Schweiz zwei Vorträge über den Placeboeffekt gehalten und auch ein Buch darüber veröffentlicht. Einen Doktorgrad habe ich auch. Wahrscheinlich hielt man es dort für selbstverständlich, dass ich Mediziner bin. Jedenfalls schrieb ich nicht einfach rasch zurück, dass ich für den Job nicht geeignet sei, sondern zog es tatsächlich in Erwägung, Oberarzt in einer Mittelstadt an einem Schweizer Bergsee zu werden. Ich würde psychisch kranke Patienten kurieren, hätte es an den Wochenenden nicht weit nach Deutschland oder Italien, und mir würde wohl ein Mehrfaches meines jetzigen Einkommens zur Verfügung stehen. Gerade als Arzt, der kein Arzt ist, hat man es wohl leichter in der Psychiatrie als in der Chirurgie. Dort gab es doch mal einen, der, eigentlich Briefträger, über Jahre eine psychiatrische Klinik leitete, dachte ich mir, aber gestand dann doch meine mangelnde Qualifikation. Schade eigentlich. Es war da ein Gefühl gewesen, mein eigenes Leben, meine eigene Individualität erst vollends ausschöpfen und erleben zu können, wenn ich vorgab, jemand zu sein, den allein ich bestimmt hatte. Den eigenen Lebensgestaltungswillen über die grundlegendsten Konventionen zu stellen, etwa über die Wahrhaftigkcit des Lebenslaufs und die Fakten von Abstammung und Erfahrung, das musste der Gipfel des autonomen Selbst sein.

Für den Außenstehenden ist der Hochstapler interessant, weil er gewisse Grundannahmen über das Funktionieren unserer Gesellschaft in Frage stellt. Dass nämlich gewisse Positionen gewisse spezifische Kenntnisse erfordern, die durch gewisse Ausbildungsgänge zu erwerben sind. Oder dass jene einen Bankkredit erhalten, die mit einem überzeugenden Geschäftskonzept vorsprechen, und nicht jene, die durch bloßen äußeren Schein vermitteln, dass sie einen Kredit eigentlich gar nicht nötig haben. Der Hochstapler führt ungewollt den Beweis, dass die Leistungsgesellschaft eine Illusion ist, der wir lediglich deshalb anhängen, weil sie die Welt geordneter erscheinen lässt, weil sie den Eindruck einer Gerechtigkeit erweckt, die in Wirklichkeit nicht gegeben ist. Der Hochstapler nivelliert durch sein Tun die Hierarchie unter den Menschen, bestätigt den Verdacht, dass allerorten nur mit Wasser gekocht wird.

Ein Briefträger als Psychiatriechef führt die gesamte psychiatrische Heilkunde mit ihrer Deutungsmacht über Wahn und geistige Gesundheit vor. Ein Immobilienhai, der durch entsprechenden Auftritt nach Belieben Bankkredite für Scheinprojekte erhält, demonstriert die Abgehobenheit der Finanzeliten. Er gibt Genugtuung für die abgelehnten Kreditwünsche der ehrlich arbeitenden Menschen. Der Kunstfälscher, der gleich mehrere Meister der klassischen Moderne im Programm hat und Werke schafft, die noch viel mehr Originale zu sein scheinen als alles, was der Markt bisher geboten hat, stellt die Expertise der Kenner in Frage. Der Hochstapler ist eine Art Rächer der kleinen Leute, nur dass er nicht das Geld der Reichen nimmt, um es unter den Armen zu verteilen, sondern den Hochangesehenen das Sozialprestige raubt. Die Behauptung, sie hätten ihre Stellung durch besondere Kenntnisse verdient, er reißt sie klein und wirft die Fetzen in die johlende Menge derer, die es nicht so weit bringen konnten oder wollten. Der Hochstapler ist nicht das Kind, das ruft: »Der Kaiser ist nackt!« Es ist der Kaiser selbst, der seine monarchistischen Bewunderer bloßstellt, indem er sagt: »Ich bin gar keiner.«

Damit ist der Hochstapler auch die gute Nachricht an alle, die glauben, dass sie ihre Abschlüsse, ihre Stellung, ihre Anerkennung nicht verdient haben. Es ist wohl ein Phänomen der Wissensgesellschaft, innerhalb derer die immer zahlreicheren Bildschirmarbeiter selten die Erfahrung machen, dass ein von ihnen repariertes Auto wieder fährt, ein von ihnen getischlerter Stuhl nicht zusammenbricht und ein von ihnen bepflanzter Garten erblüht. Dort, wo die Kompetenzen wenig greifbar sind und wenig greifbare Ergebnisse zeitigen, fällt es wesentlich leichter, sie anzuzweifeln. Der Hochstapler nun nimmt diesem Selbstzweifel die moralische Schwere: Die Welt ist nicht so wohlgeordnet, um mit sich selbst allzu streng sein zu müssen. Solange man kein Zeugnis gefälscht und nur bei den Excel-Kenntnissen etwas geflunkert hat, muss man sich keine Vorwürfe machen. Der Hochstapler ist der Heiler des Hochstaplersyndroms.

Das alles ist natürlich nicht Absicht des Hochstaplers, ganz im Gegenteil, denn eigentlich will er nicht auffliegen. Erst durch sein Auffliegen aber zeitigt er seinen aufklärerischen Effekt. Wahrscheinlich liegt es auch daran, dass die Hochstapler, von denen wir erfahren, bereits gescheitert sind, dass wir sie als sympathische Underdogs erleben, statt als die Großkotze, als die sie sich zuvor aufgespielt haben. Der Hochstapler, also der aufgeflogene Hochstapler, ist jemand, der es zu weit getrieben, der sich nicht rechtzeitig in Sicherheit gebracht hat, der eben dadurch zeigt, dass er es für die Sache an sich, für den Reiz der zweiten Wirklichkeit getan hat. Dadurch bekommt er einen heldenhaften Zug, im harten Kontrast zu jenen wohltemperierten »Lebenslaufgestaltern«, die wir aus Politik, Wirtschaft und unserem jeweiligen beruflichen Umfeld kennen. Sie frisieren ihren Lebenslauf nicht so, dass sich daraus eine abenteuerliche Übertreibung ergibt, sondern gerade nur in dem Maße, dass sie zwar Vorteile daraus ziehen, sich aber im Ernstfall herausreden können. Dem aufgeflogenen Hochstapler, der über eigene Vorteilsnahme hinaus ins Risiko ging und ein Lebenskunstwerk schuf, gilt in der Regel unsere Bewunderung. Dem betrügerischen Karrieristen, der sich seinen Werdegang zurechtlügt, gilt unsere Verachtung.

Was macht nun den Hochstapler aus? Man könnte Hochstapelei einzig als eine Frage des Entschlusses betrachten, die deshalb für den Beobachter so verlockend erscheint, weil diese Möglichkeit selbst ihm offensteht. Der Hochstapler kann jedoch auch als außergewöhnlicher Mensch betrachtet werden. Thomas Mann etwa lässt seinen Felix Krull sich selbst wie folgt beschreiben:

»Ich aber besaß seidenweiches Haar, wie man es nur selten beim männlichen Geschlecht findet, und welches, da es blond war, zusammen mit graublauen Augen, einen fesselnden Gegensatz der goldigen Bräune meiner Haut bildete [...] Meine Hände, auf die ich frühe achthatte, waren, ohne überschmal zu sein, angenehm im Charakter, niemals schweißig, sondern mäßig warm, trocken, mit geschmackvoll geformten Fingernägeln versehen und sich selbst ein Wohlgefallen; und meine Stimme hatte, schon bevor ich sie wechselte, etwas Schmeichelhaftes für das Ohr [...] Jedenfalls konnte mir nicht verborgen bleiben, dass ich aus edlerem Stoff gebildet oder, wie man zu sagen pflegt, aus feinerem Holz geschnitzt war als meinesgleichen [...] ich war überaus angenehm und göttergleich gewachsen, schlank, weich und doch kräftig von Gliedern, goldig von Haut und ohne Tadel in Hinsicht auf schönes Ebenmaß.«[5]

Und das ist nicht bloß die rosarotverschobene Selbstsicht des Felix Krull, sie wird auch von Außenstehenden bestätigt, etwa von seinem Paten Schimmelpreester, für dessen Malereien Felix immer wieder Modell stehen muss:

»[...] als römischer Flötenbläser in kurzem Gewande, das schwarze Kraushaar mit Rosen bekränzt; als englischer Edelknabe in knappem Atlas, mit Spitzenkragen und Federhut; als spanischer Stierfechter mit Glitzerjäckchen und Kalabreser; als jugendlicher Abbé der Puderzeit mit Käppchen, Beffchen, Mäntelchen und Schnallenschuhen, als österreichischer Offizier in weißem Waffenrock nebst Schärpe und Degen oder als deutscher Gebirgsbauer in Wadenstrümpfen und Nagelschuhen, den Gamsbart am grünen Hut; jedesmal schien es, und auch der Spiegel versicherte mich dessen, als ob ich gerade für diesen Aufzug recht eigentlich bestimmt und geboren sei; jedesmal gab ich, nach dem Urteil aller, ein vortreffliches Beispiel der Menschenart ab, die ich eben vertrat; ja, mein Pate wies

---

5 Thomas Mann: Bekenntnisse des Hochstaplers Felix Krull. S. Fischer Verlag, Frankfurt a. M. 2014 (1954), S. 17 f.

darauf hin, dass mein Gesicht mit Hilfe von Tracht und Perücke sich nicht nur den Ständen und Himmelsstrichen, sondern auch den Zeitaltern anzupassen scheine […]«[6]

Felix Krull ist kein Jedermann, der sich zu ungebührlichen Höhen aufschwingt, im Gegenteil, seine Talente stellen alles in den Schatten, der Weg nach oben ist in ihm angelegt, er ist eigentlich ein charismatischer Superheld. »Göttergleich« begibt er sich zu seinen formvollendeten Hochstapeleien, als wäre er durch einen andersartigen Adel dafür prädestiniert. In dieser abgehobenen Form kann der Hochstapler immer noch für seine Beobachter einige glänzende Kulissen der Gesellschaft umstürzen, aber er ist nicht mehr die erreichbare Verlockung. Thomas Manns Zeichnung von Felix Krull impliziert, dass die Hochstapelei nicht niederschwellig und demokratisch ist, sondern nur einer edlen Minderheit offensteht, deren Haut golden genug schimmert, deren Fingernägel geschmackvoll geformt sind.

Bestimmt steckt hinter den großen Hochstaplern, den Höchststaplern also, eine gewisse Begabung und Berufung. Betrachtet man aber die Bilder, die wir vom überführten Immobilienbetrüger Jürgen Schneider nach seiner Festnahme kennen oder von der High-Society-Hochstaplerin Anna Sorokin vorm New Yorker Gericht, ergibt sich ein anderer

6 Ebd., S. 30 f.

Eindruck: unscheinbare Menschen, denen man in der U-Bahn gegenübersitzen könnte, ohne ihnen Aufmerksamkeit zu schenken. Von deren Anblick geht die egalisierende und befreiende Botschaft aus: Das könnte ich auch.

Manche Aufklärung kann nur jenseits des Erlaubten vollzogen werden. Diese Legitimierung benutzte auch der Sprecher eines Dating-Portals, das darauf spezialisiert ist, Seitensprünge zu vermitteln. Gegen die Vorwürfe, das Portal tue etwas moralisch Falsches, zerstöre Partnerschaften, brachte der Sprecher zur Verteidigung vor, dass die Seitensprünge, die sie vermittelten, für gewöhnlich nicht zur Trennung führten, sondern eher dahin, das zu schätzen, was man hat. Der Seitensprung bringe die Erkenntnis, dass woanders das Gras auch nicht grüner sei, und würde so die Zufriedenheit innerhalb der bestehenden Beziehung sogar steigern.[7]

15. Ehebrecher auf der Kirchenbank: warum Regelbrüche absichtlich übersehen werden

In einer seiner Tischreden berichtet Martin Luther von einem Pfarrer, der nicht mehr nur mit Worten die Ehebrecher geißeln wolle. »Ich weiß einen Ehebrecher unter diesem Haufen meiner Zuhörer und

7 »Geschäftsmodell Ehebruch« in Frankfurter Allgemeine Zeitung vom 17.04.2015, S. 23.

ich sehe ihn vor meinen Augen«, ruft er von der Kanzel und hebt einen Stein, um ihn auf den Ehebrecher zu werfen. Und im Publikum duckt sich gleich einer. Aber dann duckt sich auch ein Zweiter, ein Dritter, und schließlich sind es an die zwanzig, die Anstalten machen, aus der Kirche zu flüchten.

Es war wohl eine List des Pfarrers, um die Sünder ausfindig zu machen. Und er hatte Erfolg, mehr als erwartet. Aber tat er sich und seinen Schäfchen damit einen Gefallen? Natürlich wäre es den zwanzig Ehebrechern lieber gewesen, nicht aufzufliegen, doch wäre es vielleicht auch für alle anderen besser gewesen? Jedenfalls wäre es besser gewesen für die Aufrechterhaltung der Norm ehelicher Treue. Für die Geltung von Regeln erscheint es bisweilen besser, wenn nicht jeder Regelbruch öffentlich wird.[8]

Man stelle sich vor, es hätte sich tatsächlich nur ein Ehebrecher unter die Kirchenbank geduckt, und der Priester hätte den Stein auf ihn geworfen. Er hätte ein abschreckendes Exempel statuiert. Nicht nur wäre der Ehebrecher womöglich schwerwiegend verletzt, er wäre sicherlich geächtet worden von der ganzen Gemeinde. Und jenen, die sich in seine Lage versetzen konnten, wäre wohl die Lust auf Ehebruch vergangen. Dieser enttarnte Einzelfall hätte womöglich der Gemeinschaft die Regel

8 Die folgenden Gedanken beziehen sich auf Heinrich Popitz: Die Präventivwirkung des Nichtwissens. In: ders., »Soziale Normen«, Suhrkamp Verlag, Frankfurt a. M. 2006, S. 158 ff.

zurück ins Gedächtnis gerufen und sie moralisch geeint, so wie Emile Durkheim es beschreibt:

»Man braucht nur zu sehen, wie es, besonders in einer kleinen Stadt, zugeht, wenn sich ein Moralskandal ereignet hat. Man bleibt in der Stadt stehen, man besucht sich, man trifft sich an bestimmten Orten, um über das Ereignis zu reden, und empört sich gemeinsam. [...] Die Gefühle, die daran beteiligt sind, holen ihre ganze Kraft aus der Tatsache, dass sie aller Welt gemeinsam sind; sie sind kraftvoll, weil sie unbestritten sind. Der besondere Respekt, dessen sie sich erfreuen, liegt darin, dass sie allgemein respektiert werden.«[9]

Gemeinsamkeit und Eindeutigkeit der moralischen Empfindungen verstärken die Norm. Nun stelle man sich aber vor, der Priester hätte für jeden der zwanzig Ehebrecher einen Stein in petto gehabt und er hätte sie alle eingesetzt, wie er es in der Überlegung eben beim Einzeltäter tat. Es wäre eine unverhältnismäßige Gewalttat gewesen, die sicherlich dem Pfarrer den Ruf als guter Hirte gekostet, die womöglich auch dazu geführt hätte, dass die nicht allzu große Restgemeinde, anstatt die Ehebrecher zu verachten, sie ihres Mitleids versichert hätte. Ganz zu schweigen davon, dass diese Art der Gruppenbestrafung die Ehebrecher noch zusam-

9 Emile Durkheim: Über die Teilung der sozialen Arbeit. Aus dem Französischen von Ludwig Schmidts. Suhrkamp Verlag, Frankfurt a. M. 1977 (1893), S. 143 f.

menschweißen würde. Gesetzt den Fall, die übrigen Gemeindeglieder wären darüber hinaus noch aufmüpfig gestimmt, könnten sie alle noch gleich im Kirchenschiff die Ehe brechen, um so gegen den Pfarrer aufzubegehren. Der Pfarrer wiederum könnte auch nicht angesichts der schieren Zahl den Stein aus der Hand legen, um statt dessen den Rohrstock hervorzuholen, denn Normen – hier eines der Zehn Gebote – leben von ihrer Starrheit, und das sollte sich in den Strafen widerspiegeln.

Alles in allem macht also eine große Zahl von entdeckten Sündern das Bestrafen zu einer schwierigen Angelegenheit. Selbst wenn die Bestrafung weniger brutal als ein Steinwurf ausfällt, büßt sie durch die Häufigkeit ihrer Anwendung an Wirkung ein. Ist der einzelne noch geächtet, wenn er als Ehebrecher herausgedeutet wird, fällt die Demütigung, die Stigmatisierung, weit schwächer aus, wenn er bloß einer von zwanzig ist.

Doch selbst abseits der Problematik von Strafe und Stigma tun zu viele bekanntgewordene Sünder der Normgeltung nicht gut: Wenn offensichtlich ein so großer Teil der Gemeinde Ehebruch begangen hat, dann kann von einer Geltung der Norm keine Rede mehr sein. In jenem Moment, in dem der Priester triumphiert, weil er mit einer List gleich zwanzig Ehebrecher enttarnt hat, fällt es den übrigen Gemeindemitgliedern wie Schuppen von den Augen, dass Ehebruch unter ihnen gang und gäbe ist. Der Priester mag jubeln, jedoch über ein Eigentor.

Die Beichte ist mithin eine gute Sache; wenn die Sünder ihre Sünden dem Pfarrer anvertrauen und der Pfarrer sie für sich behält. Würden die Sünder ihre Ehebrüche irgendjemand anderem erzählen, der nicht an das Beichtgeheimnis gebunden ist, würden diese Nachrichten schnell die Runde machen. Ein gut besuchter Beichtstuhl entzieht also möglicherweise der Gemeinde das Wissen über das Sündenregister und hilft so, das Normsystem aufrechtzuerhalten.

Auch abseits von Priesteramt und Beichtstuhl kann das Motto »Was ich nicht weiß, macht mich nicht heiß« dazu beitragen, das Funktionieren eines Regelsystems aufrechtzuerhalten. Ein Lehrer nimmt die Entschuldigungsschreiben einfach an, welche die Schüler für ihre Fehlzeiten vorlegen. Er weiß genau, dass ein nennenswerter Anteil der Entschuldigungsgründe erstunken und erlogen ist. Würde er dem Rechnung tragen, müsste er entweder alle Entschuldigungen streng überprüfen, oder er müsste darauf verzichten, überhaupt noch Entschuldigungen einzufordern. Im ersten Fall würde er übermäßig viel Zeit und Mühe auf die Überprüfung verwenden, im zweiten Fall würde er an Schulpflicht und Anwesenheitsgebot rütteln. Ihm bleibt also nichts weiter übrig, als die Entschuldigungsschreiben seiner Schüler lediglich im Dämmerlicht zu betrachten. Er muss ihnen jene Freiheit jenseits des Erlaubten lassen, um die Geltung der Regeln aufrechtzuerhalten.

Genauso wird der Vorgesetzte in einem Unternehmen oder einer Behörde mit seinen Mitarbeitern verfahren, wenn es darum geht, ob sie die Dienstvorschriften einhalten. Er wäre töricht, wenn er all die kleinen Übertretungen nicht einfach übersähe. Auch er toleriert die Freiheit jenseits des Erlaubten, weil er sonst den Job als Vorgesetzter überhaupt nicht ausführen könnte. Regelbrüche, die unbemerkt bleiben, entlasten das Sanktionssystem. Man käme sonst mit dem Strafen gar nicht hinterher. Die Freiheit jenseits des Erlaubten ist also keine Herausforderung für die Stabilität des Regelsystems, sondern, im Gegenteil, dessen Voraussetzung. Es kann für die Geltung der Normen erforderlich sein, ihre Übertretung zu gestatten, solange es im Verborgenen geschieht. Der Soziologe Heinrich Popitz nennt das in einem klassischen Text mit eben jenem Titel: »die Präventivwirkung des Nichtwissens«[10]:

»Normen haben zwangsläufig etwas Starres, Verbindliches, Fixiertes, etwas Stures, – und damit stets auch etwas Überforderndes, Illusionäres. [...] [Die Begrenztheit der Information über Normbrüche] öffnet eine Sphäre, in der sich das Normen- und Sanktionssystem nicht beim Wort nehmen muß, ohne doch seinen Geltungsanspruch offenkundig aufzugeben. Sie verhindert es, daß gleichsam die

10 Heinrich Popitz (ursprünglich 1968): Über die Präventivwirkung des Nichtwissens. In: Daniela Klimke & Aldo Legnaro (Hrsg.): Kriminologische Grundlagentexte. Springer VS, Wiesbaden 2015, S. 40 f.

Zahnräder des normativen Verhaltenssystems allzu eng in die ungeschliffene Lebensrealität [...] eingreifen. Sie ermöglicht ein Ausweichen, eine Entdramatisierung, – eine Unschärfe-Relation des sozialen Lebens, die letztlich ebenso der guten Meinung dient, die wir uns voneinander, wie der, die wir uns von unserem Normsystem bilden. [Flutlicht] können Normen nicht ertragen, sie brauchen die Dämmerung.«

16. Kein Dienst nach Vorschrift: der diskrete Charme der Bürokratie

Man könnte es als einen Spezialfall von Popitz' Perspektive auf die Normenwelt betrachten. So wie der Geltungsanspruch des Gesetzbuches nur aufrechterhalten werden kann, wenn nicht jeder Verstoß öffentlich wird und geahndet werden muss, so ist es auch für die Geltung von Regeln in jeder beliebigen Organisation, ob nun Verein, Firma oder Verwaltung. Hinzu kommt für Organisationen, dass sie jenseits der Einhaltung von Regeln auch zur Erfüllung von Aufgaben verpflichtet sind. Im Zuge dieser Verpflichtung stößt man aber immer wieder auf Probleme, die in den Regeln nicht vorgesehen oder in deren Rahmen nicht lösbar sind. Starre Regeln fordern Einhaltung, während die Belegschaft fluktuiert und auch Aufgaben und Umwelt sich stetig verändern. Niklas Luhmann schloss daraus, dass Normverstöße für das Funktionieren unerlässlich sind, und subsumierte sie unter dem Begriff »Brauchbare Illegalität«.

»Wenn ein System eine eigene, widerspruchsfreie Normordnung zu stabilisieren sucht, gerät es dadurch in Anpassungsschwierigkeiten. Seine Erhaltung in einer wechselnden, unkontrollierbaren Umwelt wird zum Problem. Sich widersprechende Erwartungen werden an das System gerichtet; es kann nicht allen Erwartungen folgen, wenn es nach eigenen Normen leben will. In dem Maße, als dieses Problem an Schärfe gewinnt, werden Handlungen notwendig, die nicht in Einklang mit den eigenen Normen stehen, aber der Anpassung des Systems an Umwelterwartungen dienen.«[11]

Je strenger das System ist, in dem eine Person beruflich tätig ist, desto mehr Kleingeistigkeit und Engstirnigkeit unterstellt man ihr typischerweise. Wie Luhmann argumentiert, besteht aber die erfolgreiche Tätigkeit in einem normativ starren System gerade nicht darin, die Regeln sklavisch zu befolgen, sondern in subtiler Jonglage.

»Will der Regelbenutzer unter diesen Bedingungen sinnvoll operieren, muss er sein Denken von der groben Schwarz-Weiß-Technik der formalen Organisation ablösen, die alles Handeln als entweder legal oder illegal charakterisiert je nachdem, ob es den formalen Erwartungen entspricht oder

---

11 Niklas Luhmann: Funktionen und Folgen formaler Organisation. Duncker & Humblot, Berlin 1976 (1964), S. 305.

widerspricht. Er muss seine Einstellung verfeinern und einen Sinn für Übergänge, Differenzierungen, Zweideutigkeiten und für Möglichkeiten der Kombination von Gegensätzen entwickeln. Auch braucht die Frage, ob legal oder nicht, keineswegs überall gestellt, geschweige denn immer entschieden zu werden.«[12]

Wer kennt nicht das betont stoische Gesicht eines Beamten des Einwohnermeldeamts, wenn er das gerade von uns genannte Einzugsdatum so korrigiert, dass wir keine Bußgeldzahlung zu fürchten haben, das demonstrative Wegschauen einer Polizistin, vor deren Füßen wir versehentlich eine rote Ampel überqueren, oder die schriftliche Anfrage eines Finanzbeamten, die so suggestiv formuliert ist, dass wir ja nicht auf die Idee kommen, eine Antwort darauf zu geben, die uns in die Bredouille bringt. Der Beamte ist also jemand, der sich auf den eleganten Umgang mit Regeln versteht, nicht bloß auf deren stumpfsinnige Befolgung. Wir sollten auf dem Amt deshalb nicht mehr lahme Bürohengste und -stuten vor uns sehen, sondern die edlen Tiere des Vielseitigkeitsreitens, die manche Norm anmutig überspringen, andere im Ausfallschritt umgehen und dabei stets die Form wahren. Behördliches Handeln hat in diesem Sinne etwas Spielerisches, sollte etwas Spielerisches haben, wenn, so der Soziologe

---

12 Ebd., S. 311.

Murray Edelman, ein gewisses Einverständnis der Betroffenen sichergestellt werden muss.

»Die Durchführung von bestimmten Gesetzen verläuft gewöhnlich so, als befänden sich Administration und potentielle Gegner in einer Spielsituation mit ziemlich klaren Regeln. Die Grundregel lautet, dass ein hoher Anteil der Übertretungen unentdeckt bzw. ungeahndet bleibt. Autofahrer wie Polizisten wissen genau, dass die meisten, die zu schnell fahren, nicht erwischt und verwarnt werden, und richten ihr Verhalten danach: die Autofahrer fahren zu schnell, wenn das Risiko erwischt zu werden, gering oder vertretbar erscheint. Die Polizisten stoppen einige, aber nicht alle Verkehrssünder und lassen manche davon ohne Verwarnung weiterfahren. So lange das Spiel in dieser Weise gespielt wird, sind Autofahrer wie Polizisten zufrieden [...] In ähnlicher Weise akzeptieren Unternehmer die gesetzlichen Vorschriften über Sicherheit am Arbeitsplatz, Berufsausbildung, Mindestlöhne, sanitäre Einrichtungen usw. in der Gewissheit, dass die Gewerbeaufsicht nur ab und an einmal vorbeischaut [...]

Es gibt aber auch Verwaltungsbeamte, die diese Spielregeln offenbar *nicht* kennen [...] Ein Verkehrspolizist in Chicago brachte vor einigen Jahren seine Vorgesetzten zur Verzweiflung, indem er systematisch jeden braven Bürger verwarnte, der seinen Wagen im Parkverbot vor dem Rathaus abstellte. Nachdem auch hohe Beamte und Politiker nicht verschont geblieben waren, wurde der pflichtbewusste Polizist in ein anderes Revier versetzt. Weder das Polizeipräsidium noch die den Fall in der Zeitung amüsiert verfolgende Öffentlichkeit hielten es für denkbar, dass auf die Dauer die lockere Einhaltung der Spielregeln durch strenges Befolgen der Vorschriften ersetzt werden könne.«[13]

Es liegt sicher in der Natur der Sache, dass nicht alle Geschwindigkeitsübertretungen geahndet, nicht alle Falschparker entdeckt werden können. Auch haben wir im vorherigen Kapitel gesehen, dass es der Geltung von Normen guttut, wenn nicht alle Verstöße bekannt und beachtet werden. Murray Edelman macht aber einen ganz anderen Faktor stark, um zu erklären, dass die Anwendung gewisser Gesetze nicht dogmatisch, sondern spielerisch stattfindet: »[...] persönliche Ambivalenz, eine gegenseitige Rollenübernahme, existiert vermutlich immer, wenn an die Stelle entschiedener Überwachung von Gesetzen das Spielen eines Spiels tritt.«[14] Selbst der Polizist als Zivilist würde seinen Privatwagen im Halteverbot vor dem Rathaus abstellen, um einen Antrag einzuwerfen. Und der Falschparker wiederum weiß aus eigener Angestelltenerfahrung, dass der Polizist es nicht böse

13 Murray Edelman: Politik als Ritual. Aus dem Amerikanischen von Holger Fliessbach. Campus-Verlag, Frankfurt a. M. 2005 (1976), S. 37 f. Den Hinweis auf dieses Buch verdanke ich Günther Ortmann: Regel und Ausnahme. Suhrkamp, Frankfurt a. M. 2003.

14 Ebd., S. 39.

meint, sondern nur seine Dienstpflicht tut, wenn er ihn aufschreibt. Der Falschparker und der Polizist verstehen einander, deshalb können sie sich auf ein Spiel verständigen. Ganz anders, wenn Rollenübernahme und Verständnis nicht möglich sind:

»Wenn das Gesetz als Dogma behandelt wird, wird ein Verstoß zur *Häresie.* Mit dieser Formulierung ist bereits exakt die damit eintretende Veränderung der sozialen Rollen und des Interaktionsmusters gekennzeichnet. Wo die Rechtsanwendung in Form eines Spiels abläuft, hält keiner der Beteiligten einen Verstoß für unsittlich, alle geben aufgrund ihrer gemeinsamen Rollenübernahme zu, dass es Versuchungen gibt, denen man aus gegenseitigem Interesse widersteht, und dass gegen die Spielregeln Verstoßende, wenn sie unter speziellen Bedingungen erwischt werden, auch die entsprechenden Strafen zahlen sollen.«[15]

Ein Spiel ganz anderer Art zwischen Polizei und Bürgern ereignet sich manchmal im von der Staatsmacht wohlbehüteten München. Eine Gruppe von Jugendlichen wird von der Polizei angehalten, weil anderswo in der Stadt gerade eine linke Großdemo im Entstehen begriffen ist. Zwar haben die Jugendlichen mit dieser Demo nichts zu tun, aber sie tragen schwarze Kapuzenpullis, ganz so, wie es manche gewaltbereiten Demonstranten zu tun

15 Ebd.

pflegen. Trotz der recht willkürlichen Kontrolle fühlen sich die Jugendlichen nicht diskriminiert, sondern in ihrer *street credibility* bestätigt. Sie haben zwar noch nie jemandem ein Haar gekrümmt und machen ordentlich ihre Realschule, damit sie danach einen guten Ausbildungsplatz bekommen, aber den schwarzen Hoodie tragen sie, weil sie, hier im migrantischen Arbeiterbezirk, ein bisschen den Eindruck von Gesetzlosigkeit und riskantem Leben vermitteln wollen, und die Polizei ist so freundlich, ihnen die amtliche Bestätigung dafür zu geben. Ein wenig regen sie sich hinterher über »die Bullen« auf, aber nur in dem Maße, wie es die Gepflogenheiten fordern. Dann halten sie einen Moment inne, zufrieden und stolz darauf, was ihnen widerfahren ist. Und vielleicht denken sie sogar, wie cool diese Bullen gewesen sind, der bärtige Bursche und die Blonde mit dem Pferdeschwanz, und ob man nicht nach der Schule Polizist werden könnte.

17. Warum arbeiten die Arbeiter? Um zu bummeln und Büromaterial zu klauen

In der Mitte meines Studiums bin ich einem Klassiker in Person begegnet. Vielleicht nur ein kleiner Klassiker, aber in unserem Mannheimer Studium war sein Name schon häufiger aufgetaucht, er hatte für uns den Klang längst vergangener Geistesgrößen. Dieser Prof. Dr. Johannes Berger trug immer Jackett und Hose, die nicht zusammenpassten, und fuhr, wenngleich emeritiert, jeden Tag mit dem Fahrrad in die Universität. Die Lehrveranstaltung, die ich bei ihm besuchte, begann er mit dem Motto: »Das Seminar ist die Lernform des Dozenten.« In Erinnerung geblieben ist er mir für einen Artikel, dessen Haupttitel so klingt wie die Frage eines Vierjährigen: »Warum arbeiten die Arbeiter?« Damit meinte Berger nicht, warum man einen Beruf ergreift (um Geld zu verdienen natürlich), sondern warum man auf der Arbeit tatsächlich arbeitet und nicht etwa bummelt, schläft oder spielt. Wie schon Karl Marx und andere geht Berger davon aus, »dass das Grundproblem der Unternehmung darin besteht, wie sie die Arbeiter dazu veranlassen kann, die einmal geschlossenen Arbeitsverträge im Sinne der Unternehmung auszulegen und auch entsprechend zu handeln«.[16] Denn Arbeitsverträge im allgemeinen, im Gegensatz zu anderen Vertragswerken, sind kurz und kaum ausdifferenziert. Lohn oder Gehalt ist festgelegt, ebenso die Kündigungsfristen und Arbeitszeiten, aber die Gegenleistung des Arbeitnehmers ist nicht konkretisiert, einfach weil sie kaum konkretisiert werden kann. Der Arbeitgeber sichert sich per Vertrag mit dem Arbeitnehmer dessen Arbeitskraft. Wie viel Arbeit er tatsächlich für sein Geld bekommt, ist völlig offen.

---

16 Johannes Berger: Warum arbeiten die Arbeiter? In: Zeitschrift für Soziologie 24 (6), 1995, S. 409.

»Was der Unternehmer von den Arbeitskräften kauft, ist ein Versprechen: die Bereitschaft, sich für bestimmte Zeitperioden in das Kommando des Unternehmers zu fügen. Dieses Versprechen gehen die Beschäftigten ein, weil sie bezüglich ihrer Existenzsicherung keine andere Wahl haben. Auf einem ganz anderen Blatt steht aber, ob es der Unternehmung gelingt, dieses Versprechen zu aktualisieren und die Leistungsbereitschaft in wirkliche Leistung umzusetzen. [...] die Arbeitnehmer sind nicht so leistungsbereit, wie die Unternehmer dies gerne hätten, und letztere müssen daher Mittel ersinnen, der Arbeit der Arbeitnehmer habhaft zu werden.«[17]

Das offensichtliche Mittel dazu ist Zwang und Überwachung, nur hilft dies nicht, wenn Mitarbeiter gebraucht werden, die ihre Entscheidungen im Beruf frei und aus eigener Kompetenz fällen. Außerdem würden durch eine solche Überwachung neue Kosten entstehen. Ein weiterer Antrieb der Mitarbeiter, ihre Arbeit zu verrichten, ist die drohende Kündigung im Fall von mangelnder Effektivität. Der Anreiz, ordentliche Arbeit zu machen, kann sogar noch gesteigert werden, wenn das Gehalt überdurchschnittlich ist, denn um so bitterer wäre der Verlust des Jobs. Letztlich ist aber der eleganteste Weg, die Arbeiter zum Arbeiten zu bringen, der Einsatz von Moral und Integration. Man ist Mitglied einer Organisation, identifiziert sich mit ihr

17 Ebd., S. 413.

und ihrem Erfolg und will deshalb seinen Teil dazu beitragen. Das kann der Fall sein, wenn die Organisation etwas Gutes für die Welt tut, wenn sie eine starke Marke hat, wenn sie das Betriebsklima mit Tischkickern und Kaffeeecken auf familiären Zusammenhalt trimmt oder wenn die große Mission ruft, etwa Steve Jobs, der mit seiner Apple-Belegschaft eine Delle in das Universum hauen wollte. Dafür arbeiten die Arbeiter!

Der Müllwerker im Ruhestand, mit dem ich mich häufiger in meinem Stammcafé in Berlin-Wedding unterhalten habe, war eine Geistesgröße ganz anderer Art. Er trug keine Anzüge, sondern war leger in Rentner-Beige gekleidet. Das Fahrrad nahm er nur, wenn er am Wochenende mit seiner Freundin an einen Badesee wollte. Und nach dem Renteneintritt noch auf der Arbeit zu erscheinen, kam ihm nicht in den Sinn. Er erzählte mir gerne von den guten alten Zeiten, als die Müllmänner noch die Könige der Stadt waren, als nämlich im geteilten Berlin die Arbeitskräfte knapp waren und man niemanden so wenig missen wollte wie den Müllwerker. Sie konnten so besoffen ihren Dienst tun, wie sie wollten, und gegen ein kleines Schmiergeld nahmen sie gerne einen Abfall mit, den man sonst nicht so leicht loswurde. Es brauchte tiefgreifende Reformen und eine Image-Kampagne, bis die Städtischen Müllbetriebe ihr Schmuddel-Image von Korruption und Nachlässigkeit wieder los waren.

In den alten Zeiten, von denen mir der Müllmann erzählte, hatte niemand darüber nachgedacht, die Mitarbeiter durch Moral und identifikatorische Angebote zu begeisterten Erfüllern ihrer Entsorgerpflicht zu machen. Glücklicherweise wussten die Müllwerker sich durch eigene Initiative ihre eigentlich eintönige Tätigkeit interessant zu machen: ein kleiner Gefallen hier, ein kleines Schmiergeld dort, hier mal eine Pause auf einen Drink und morgen mal ein bisschen mehr schaffen, weil der Kollege sich für den Geburtstag seiner Liebsten inoffiziell freinehmen will. Es sind diese Freiheiten jenseits des Erlaubten, die meinem Caféfreund das Gefühl gegeben hatten, mit seinen Kollegen die Königsriege der Stadt zu bilden. Sie wussten ihre Arbeit so zu gestalten, dass sie nicht stumpfsinnig, sondern sinnstiftend für sie war, so konnten sie sich wie Herrscher statt wie Lohnsklaven fühlen. Und der Arbeitgeber tolerierte dies wohl, weil er sah, dass es funktionierte.

Mit solchen Regelverstößen können Angestellte ihre Autonomie im Job bewahren, das Korsett, in dem sie stecken, etwas lockern und gefühlte Gerechtigkeit herstellen. Der Arbeitgeber kann abmahnen und entlassen, der Arbeitnehmer kann bummeln, klauen und mit den Kollegen schwatzen. Bei meinem Vater, einem Postbeamten, war zu beobachten, wie er bei zunehmender Frustration mit seiner Arbeit immer mehr Büromaterialien vom Dienstort mit nach Hause brachte. Ein Bekannter von mir aus Zivildienstzeiten tat für seinen spärlichen Sold harten Dienst in einem Altersheim und zahlte sich deshalb Zulagen in narkotischen Naturalien, indem er sich im Medizinschrank an den Opiaten bediente. Im München der Vollbeschäftigung ist zu erleben, wie Geschäfte der großen Kleidungsketten erst weit nach offizieller Öffnungszeit aufgesperrt werden, weil die zuständigen Mitarbeiter lieber etwas länger schlafen. Der niedrige Lohn schafft es nicht, sie zu höherem Einsatz zu motivieren, gleichzeitig ist es so schwer, Ersatz zu finden, dass sie quasi unkündbar sind. Sie haben deshalb die Möglichkeit, ihre Tätigkeit jenseits der Regeln ihren Bedürfnissen anzupassen, denn dem Arbeitgeber ist es lieber, wenn zuweilen etwas später geöffnet wird, als mangels Personal komplett schließen zu müssen. Andere Angestellte mögen auf andere Art informellen Ausgleich schaffen, sich etwa am Arbeitsplatz von der Partynacht erholen, statt Pflichten zu erfüllen. Wenn man nur genau hinschaut, erkennt man, so der Soziologe Stefan Kühl:

»[...] dass in vielen Organisationen akzeptiert wird, wie sich Mitarbeiter auf illegale Weise kleine Vorteile verschaffen. Man denke nur an die Duldung der eigentlich verbotenen Nutzung von Diensttelefonen, Dienstfahrzeugen oder Dienstwerkzeugen für den privaten Gebrauch, an das weitgehend akzeptierte Nutzen von Dienstkopierern für private Zwecke oder die tolerierte Nutzung des Internets während der Arbeitszeit, um Facebook-Freundschaften zu pflegen, sich über die politische Weltlage zu informieren oder das private Börsenportfolio zu optimieren.«[18]

Es steht damit, zumindest in gewissem Umfang, in der Macht der Angestellten, gefühlte Waffengleichheit herzustellen. Die Freiheit jenseits des Erlaubten bietet eine Pufferzone, die berufliche Frustrationen auffangen kann und so zur Stetigkeit im Beruf beiträgt. Der Idealfall für den Arbeitgeber wäre zwar, stets pünktliche, ausgeschlafene, fleißige, aufrichtige und hochmotivierte Mitarbeiter zu haben, aber das ist natürlich eine Utopie (oder, je nach Perspektive, eine Dystopie). Anstatt sich mit ständiger personeller Fluktuation durch Entlassungen und Neuanstellungen abgeben zu müssen, erweist es sich für den Arbeitgeber in der Regel als opportun, Toleranz gegenüber allerlei Normverstößen zu üben, die letztlich für ein stabiles Betriebsklima und verlässliches Funktionieren sorgen.

18 Stefan Kühl: Brauchbare Illegalität. Campus, Frankfurt a. M. 2020, S. 71 f.

Innovation durch Übertretung

18. Naturgesetze brechen: wissenschaftlicher Fortschritt jenseits des Erlaubten

Nach Thomas Kuhns berühmtem Werk »Die Struktur wissenschaftlicher Revolutionen«, dessen Grundideen Ludwik Fleck in »Entstehung und Entwicklung einer wissenschaftlichen Tatsache« vorwegnahm, wechseln sich im Prozess des wissenschaftlichen Fortschritts drei Phasen ab.[1] Zunächst ist da die Normalwissenschaft. In dieser Phase haben gängige Theorien ihre Gültigkeit, sie erwecken den Anschein, in der Lage zu sein, Beobachtungen und Ergebnisse empirischer Forschung gut vorhersagen und erklären zu können. Die wissenschaftlichen Aufgaben dieser Phase gleichen dem Rätsellösen: Im Rahmen des großen Paradigmas ergeben sich viele kleine Probleme, die gelöst sein wollen und sich auch lösen lassen. Nun kann es aber dazu kommen, dass sich unlösbare Probleme häufen und dass die gängige Theorie, das gängige Paradigma, immer weniger den Eindruck erweckt, diese lösen zu können. Die Wissenschaft gerät damit in eine

---

1 Thomas S. Kuhn: Die Struktur wissenschaftlicher Revolutionen. Suhrkamp, Frankfurt a. M. 1976 (1962).

Krise, die Vertreter der betreffenden Disziplin werden sich der Mängel des gängigen Paradigmas bewusst und öffnen sich für eine Alternative. Diese Alternative wäre beispielsweise eine neue Großtheorie, ein neues Paradigma – etwa wenn die Newtonsche Mechanik von der Einsteinschen Relativitätstheorie abgelöst wird. Nicht, dass diese neue Theorie gleich alle angestauten Probleme beseitigte, aber zumindest verheißt sie eine mögliche Lösung dieser Probleme. Mit einem Mal wird ein altes Paradigma durch ein neues ersetzt, oder, wie Ludwik Fleck es nennen würde: Ein Denkstil weicht einem anderen Denkstil. Es ist Revolution. Dabei ist das Neue nicht mehr anschlussfähig an das Alte. Die beiden Paradigmen sind inkommensurabel, sie sind in ihrer Weltsicht grundsätzlich verschieden, so dass sie nicht in Verbindung gebracht werden können.

Ein Beispiel hierfür ist der Übergang von der Phlogistontheorie zur Theorie der Oxidation. Einst glaubte man, dass in brennbaren Stoffen eine Substanz namens Phlogiston enthalten ist, die sich im Zuge der Verbrennung verflüchtigt. Das scheint auch plausibel, sieht man doch, dass aus der Kerze eine Flamme und aus ihr Rauch entweicht oder dass Asche leichter ist als das Brennholz vor dem Kaminabend. Diese Auffassung wurde abgelöst durch die Idee der Oxidation, dass nämlich der Prozess der Verbrennung darin besteht, dass das Holz oder das Kerzenwachs mit einem Bestandteil der Luft, dem Sauerstoff, reagiert.

So sinnlos kann ein altes Paradigma aus der Sicht des neuen Paradigmas erscheinen. Es stellt eine komplett andere Art zu denken dar. Man halte sich nur vor Augen, wie absurd einem heute die Phlogistontheorie erscheint. Und dann stelle man sich vor, wie maßlos gescheitert sich nach dieser Revolution ein Forscherleben angefühlt haben muss, das der Isolation und Bestimmung des Phlogistons gewidmet war.

Das neue Paradigma bricht mit den grundlegenden Regeln des alten. Innovative Wissenschaftlerinnen und Wissenschaftler müssen also in der Lage sein, sich jenseits der geltenden Regeln frei zu bewegen, um zu revolutionärer Erkenntnis und Fortschritt beizutragen. Die Ausbildung, die sie zuvor genossen haben, ist freilich eine Hinführung entlang dem gerade gültigen Gang der Normalwissenschaft, sie lernen das aktuelle Paradigma, seine Begriffe und Regeln, also Einschränkung statt Befreiung, wie der Wissenschaftstheoretiker Paul Feyerabend beklagt:

»Die wissenschaftliche Ausbildung, wie wir sie heute kennen, [...] simplifiziert die ›Wissenschaft‹, indem sie die Akteure simplifiziert. Zunächst wird ein Forschungsgebiet festgelegt. Es wird von der übrigen Geschichte abgetrennt (die Physik zum Beispiel von der Metaphysik und der Theologie) und mit einer eigenen ›Logik‹ ausgestattet. Eine gründliche Ausbildung in dieser ›Logik‹ bestimmt dann das Arbeiten auf diesem Gebiet; es *ver-*

einheitlicht die Handlungen und bringt auch große Teile des *Geschichtsablaufs* zum Stillstand. Feststehende ›Tatsachen‹ bilden und erhalten sich, trotz der Wechselfälle der Geschichte. Ein wesentlicher Bestandteil der Ausbildung, die solche Tatsachen entstehen lässt, ist die Bändigung und oft die völlige Kastration von Institutionen, die zu einer Verwischung der Grenzen führen könnten. Jemandes Religion etwa, oder seine Metaphysik oder sein Humor (sein *natürlicher*, nicht der anerzogene und stets eher abstoßende Humor der Spezialberufe) dürfen mit einer wissenschaftlichen Tätigkeit nicht das Geringste zu tun haben. Die Einbildungskraft wird eingeschränkt, selbst die Sprache eines Menschen ist nicht mehr seine eigene.«[2]

Wissenschaftliche Ausbildung und wissenschaftliche Institutionen beschneiden also den Pluralismus, beschränken Erkenntnismöglichkeiten. Erfolgreiche Forschung funktioniere laut Feyerabend aber ganz anders, sie befreie sich gerade von all diesen Einschränkungen und mache so wissenschaftliche Innovation möglich. Wenn man freilich nur im gängigen Paradigma ausgebildet wird, nicht vergangene Theorien und Weltsichten erlernt, nicht mit den Sichtweisen anderer Disziplinen in Berührung gerät und die Verrücktheit der eigenen Kreativität abtrainiert bekommt, fällt es schwer, außerhalb der

---

2 Paul Feyerabend: Wider den Methodenzwang. Suhrkamp Verlag, Frankfurt a. M. 1986 (1975), S. 16.

Regeln zu denken, die das Lehrbuch vermittelt. Ein gedanklicher Pluralismus machte es hingegen leichter, Innovation auch gegen die Regeln zu suchen.

»Metaphysische Prinzipien werden benutzt, um die Wissenschaft voranzubringen; Gesetze der Logik und methodische Standards werden als unzumutbare Einschränkungen kurzerhand ausgesetzt; abenteuerliche und ›irrationale‹ Konzepte entstehen im Überfluss. Der erfolgreiche Forscher ist häufig ein belesener Mensch, er kennt viele Tricks, Ideen und Sprechweisen, geschichtliche Details sind ihm genauso geläufig wie Abstraktionen der Kosmologie, er kann Fragmente grundverschiedener Weltsichten miteinander kombinieren und schnell umschalten von einer Rahmung zur anderen. Er ist nicht an eine bestimmte Sprache gebunden, denn er beherrscht die Sprache der Fakten genauso wie die Sprache der Märchen und kann sie auf die unerwartetste Weise vermischen.«[3]

Diese Beobachtung Feyerabends zeigt sich auch in statistischen Daten, etwa wenn man sich die Häufigkeit musischer und performativer Hobbys unter erfolgreichen und weniger erfolgreichen Wissenschaftlern anschaut.[4] Wissenschaftler im allgemeinen sind etwa genauso oft künstlerisch und perfor-

---

3 Paul Feyerabend: Philosophy of Science Versus Scientific Practice. In: ders., Problems of Empiricism. Cambridge University Press, Cambridge 2012, S. 84 (Übersetzung d. A.).

4 David Epstein: Range. Pan Books, London 2020 (2019), S. 33f.

mativ tätig wie die übrige Bevölkerung. Betrachtet man aber die hochrangigen Wissenschaftler, die etwa in Nationale Akademien der Wissenschaften berufen werden, sind unter ihnen die Amateurschauspieler, Hobbymusiker, Wochenendtänzer, und Freizeitpoeten stark überrepräsentiert. Mit Blick auf die Nobelpreisträger ist der Unterschied frappant: Die Wahrscheinlichkeit, mit der sie einem künstlerischen Hobby nachgehen, liegt zweiundzwanzig Mal höher als beim Durchschnittswissenschaftler.

Eigentlich ließe sich vermuten, dass es für Spitzenleistungen in der Wissenschaft unabdingbar wäre, sich unter Vernachlässigung aller anderen Domänen des Lebens auf ein Thema zu fokussieren. Aber die Statistik zeigt das Gegenteil: Das revolutionär Neue scheint vielmehr jenen möglich zu sein, die ihren Blick nicht verengt, sondern durch die Künste noch geweitet haben, die über die Grenzen ihrer Disziplin hinausschauen können. Regeln der Wissenschaft und Regeln des Faches, gut und schön, aber in der Forschungspraxis ist man gut beraten, auch in anderen Feldern geläufig zu sein, um so die starren Regeln mit einer Prise Salz zu versehen und im Zweifelsfall zu ignorieren oder bewusst zu brechen.

Ganz Wissenschaftler und Geiger, weiß Albert Einstein sich Wissenschaftsphilosophen und Erkenntnistheoretiker durch Höflichkeit auf Distanz zu halten. So schreibt er über den Naturwissenschaftler:

»Er akzeptiert dankbar die erkenntnistheoretische Begriffsanalyse; aber die äußeren Bedingungen, die ihm durch die Erlebnistatsachen gesetzt sind, erlauben es ihm nicht, sich bei der Konstruktion seiner Begriffswelt allzusehr durch Festhalten an einem erkenntnistheoretischen System beschränken zu lassen. Er muss dann dem systematischen Erkenntnistheoretiker als eine Art skrupelloser Opportunist erscheinen.«[5]

Der schöpferische Naturwissenschaftler bedient sich also der Regeln, er befolgt sie nicht. In dem Bestreben, reale Beobachtungen zu erklären, setzt er sich falls nötig über die Regeln des Systems hinweg – und schafft so womöglich neue Regeln und ein neues System. Die Notwendigkeit, aus der heraus ein kreativer Forscher eine neue Sichtweise entgegen gängiger Gesetze des Fachs etabliert, hat oft nichts weiter zur Grundlage als zwingend erscheinende Produkte der Vorstellungskraft. Innovation hält sich nicht an Regeln.

»Wenn ihr von den theoretischen Physikern etwas lernen wollt über die von ihnen benutzten Methoden, so schlage ich euch vor, am Grundsatz festzuhalten: Höret nicht auf ihre Worte, sondern haltet euch an ihre Taten! Wer da nämlich erfindet, dem erscheinen die Erzeugnisse seiner Phantasie so not-

---

5 Albert Einstein: Bemerkungen zu den in diesem Band vereinigten Arbeiten. In: Paul Arthur Schilpp, Albert Einstein als Philosoph und Naturforscher. Kohlhammer, Stuttgart 1955, S. 508.

wendig und naturgegeben, dass er sie nicht für Gebilde des Denkens, sondern für gegebene Realitäten ansieht und angesehen wissen möchte.«[6]

Da könnte einem der theoretische Physiker fast wie ein Hochstapler vorkommen, der es erfolgreich schafft, seine persönliche Phantasie den entscheidenden Leuten als Wahrheit unterzujubeln.

19. Hofdamen und Hipster: wie man durch Regelbrüche die Mode bestimmt

Über 500 Jahre Regelversagen – so fasst die Historikerin Lorraine Daston den lange währenden, aber um 1800 aufgegebenen Kampf gegen die Mode zusammen. Immer wieder versuchten die Herrschenden, dem Volk Regeln aufzuerlegen, was von wem wann getragen werden dürfe. Verschiedene Motivationen standen dahinter, darunter der Erhalt sozialer Schranken, der Schutz der guten Sitten, aber auch ein Stopp des Rüstungswettlaufs in Luxusdingen, der zu Verschwendung und Ruin führen könne. Die Wirkungslosigkeit dieser Versuche, die Kleiderordnung zu bestimmen, gesteht etwa Ludwig XIV. in der Präambel zu seinem Kleidungserlass von 1670 ein. Dort erwähnt er die Edikte von 1656, 1660, 1661, 1663, 1667, 1668 und 1669 und stellt

6 Carl Seelig (Hrsg.), Albert Einstein: Mein Weltbild. Ullstein, Berlin 2005, S. 126.

fest, dass jedes länger und detaillierter als das vorherige gewesen sei – und wirkungsloser.[7]

Mitunter bewirkten die Regeln sogar genau das Gegenteil: Sie befeuerten den Wettbewerb noch, den sie eigentlich zügeln sollten. Indem gewisse Stoffe, Stile, Stücke verboten wurden, fühlten sich die Modeschöpfer dazu aufgerufen, sich etwas Neues auszudenken, und auch die Konsumenten wurden geradezu genötigt, sich mit Kleidung einzudecken, die noch nicht untersagt war.

»Regelsetzer und Regelverletzer waren in einem endlosen Kreislauf aus Verbot, Umgehung, Innovation und erneutem Verbot eingeschlossen – den wir unter der Bezeichnung ›Mode‹ kennen. Wenn Schnabelschuhe vom diesjährigen Kleidererlass verboten wurden, brachte die geradeso extreme und teure Mode des nächsten Jahres eben hohe Absätze und Schnallen. Wenn die Behörden die jüngste Mode eingeholt hatten, waren die Schneider, Schuster und ihre Kunden längst weitergezogen. Es ist durchaus denkbar, dass die Wellen immer detaillierterer Verbote als ungewollte Nebenfolge eine Beschleunigung im Wechsel der Moden herbeiführten, da Erzeuger und Käufer Novitäten produzierten und abnahmen, um den Behörden einen Schritt voraus zu sein.«[8]

---

7 Lorraine Daston: Regeln. Aus dem Amerikanischen von Michael Bischoff. Suhrkamp Verlag, Berlin 2023, S. 195.

8 Ebd., S. 199 f.; unter Verweis auf Killerby: Sumptuary Law in Italy.

Selbst dort, wo die Regeln die soziale Abgrenzung durch Kleidung sicherstellen sollten, bewirkten sie mitunter ihr Gegenteil, denn mit der Beschreibung der sanktionierten Kleidungsstücke hatten soziale Aufsteiger einen Leitfaden, wie sie sich dem höheren Status gemäß anziehen konnten.[9] Genau dieses Bedürfnis, sich durch die richtige Kleidung den Höhergestellten anzunähern, beschreibt auch Jean-Jacques Rousseau in »Julie oder Die neue Heloise« für das Paris des 18. Jahrhunderts. Da haben es nämlich die Damen des Adels nicht mehr leicht, ihre Besonderheit zur Schau zu stellen, denn das Bürgertum hat in puncto Reichtum zu ihnen aufgeschlossen und sie sogar überholt. Auf dem Weg der Luxusausgaben konnten sie also keinen Vorsprung herausholen. Da sie die reichen Bürgerinnen nicht mit teuer gekaufter Pracht übertrumpfen konnten, mussten sich die aristokratischen Hofdamen nach Alternativen umsehen. Und was böte sich dafür mehr an als das Unschickliche und Tabuisierte?

»Vorstellungen der Scham und Sittsamkeit sind dem Geiste des Volkes tief eingeprägt. Das eben hat [die Adligen] auf unnachahmliche Moden gebracht. Sie sahen, dass das Volk Wangenrot verabscheute, dem es in seiner groben Weise hartnäckig den Namen ›Schminke‹ gibt; so legen sie sich nicht

---

9 Ebd., S. 190; unter Verweis auf Rublack & Riello: Right to Dress.

›Schminke‹, sondern ihr ›Rouge‹ vier Finger dick auf [...]. Sie sahen, daß ein entblößter Busen dem Volke ein Ärgernis ist; alsbald schnitten sie ihre Schnürbrüste tief auf. [...] um nicht mit anderen verwechselt zu werden, ziehen sie ihren Rang ihrem Geschlecht vor und ahmen, um unnachahmlich zu sein, die Dirnen nach.«[10]

Unnachahmlich sein ist das Ziel. Rousseau beschreibt das modische Abgrenzungsbemühen als ständigen Wettlauf, bei dem sich Vorsprung verschafft wird, indem Grenzen überschritten werden, an die andere sich nicht heranwagen. Von der Seite der Verfolger gedacht, bietet Mode die Möglichkeit, für sich selbst Gleichheit herzustellen, indem man den hochstehenden Stil erfolgreich nachahmt. Im Überbietungskampf, den Rousseau beschreibt, kann der Adel erfolgreich seinen Vorsprung behaupten. Das dafür eingesetzte Mittel erkennt Barbara Vinken als die Travestie:

»Wenn adlige Damen sich wie Huren kleiden – sich etwa so dekolletieren, dass man ihre rot geschminkten Brustspitzen sieht –, bloß um von den schamhafteren Bürgerinnen nicht nachgeahmt zu werden, ist das eine Form von Klassentravestie. Wenn sie den Männern durch ihre ostentative Schamlosigkeit die klassisch weiblich-schamhafte Geste des Senkens der Augen aufzwingen, steht

10 Jean-Jacques Rousseau: Julie oder Die neue Heloise. Artemis & Winkler, München 2003 (1761), S. 275.

die Welt Kopf. Wenn die Allure der Pariserinnen männlich-soldatisch ist, die aristokratischen Männer sich hingegen weibisch geben, ja, sich in Eunuchen verwandeln, dann handelt es sich um eine Verkehrung der Geschlechterrollen, um eine klassische Travestie.«[11]

Die Vertreter der Aristokratie durchbrechen die Regeln von Klasse und Geschlechterrolle, um modisch voraus zu sein. Das zeitigt, ganz nebenbei, auch einen aufklärerischen Effekt. Durch modische Regelverstöße lassen sich nicht nur Hierarchien überwinden und so in ihrer Unnatürlichkeit vorführen, auch Geschlechterrollen werden parodiert: »Im Durchkreuzen der normativen Rollen erst scheinen diese als solche auf: als Rollen.«[12] Die Selbstverständlichkeit, mit der diese Rollen als naturgegeben gelten, wird erschüttert. Mit dem individuellen Verstoß gegen die Konvention will der oder die einzelne freilich in den wenigsten Fällen den gesellschaftlichen Erkenntnis- und Entwicklungsprozess vorantreiben, sondern vielmehr die eigene Individualität, Originalität und Unabhängigkeit ausdrücken.

Beide Formen der Travestie lassen sich natürlich auch in der jüngeren Vergangenheit und Gegenwart beobachten. So waren die Insignien des Hipsters,

---

11 Barbara Vinken: Ver-Kleiden. Residenz Verlag, Salzburg & Wien 2022, S. 42.

12 Ebd., S. 29 ff.

also des universitär gebildeten Mitglieds der kreativen Klasse, die Trucker-Kappe und das Holzfällerhemd – eigentlich Kleidungsstücke der weißen amerikanischen Unterschicht. Im Gegensatz dazu orientierten sich die Jungs und Männer, die man Emos nannte, am stereotyp Weiblichen, ließen sich die Haare lang wachsen, schwarz färben und mit Strähnchen versehen, schminkten ihre Augen mit Kajal und redeten gern über Gefühle. Um in der Mode seine Individualität unter Beweis zu stellen, kommt es darauf an, mit den Regeln und Erwartungen zu brechen.

20. Wertewandel und Menschwerdung: Schierlingsbecher und verbotene Früchte

Die Wissenschaft braucht Regelbrecher, um neue Erkenntnisse zu gewinnen und Fortschritt zu erlauben. Wertvoll in der Kunst ist, was radikal Grenzen überschreitet und so Neues schafft. Und selbstverständlich sind auch gesellschaftliche Entwicklung und Wertewandel auf Pioniere angewiesen, die unbeirrt vorausspreschen, selbst dort, wo ihr Avantgardismus gegen die geltenden Regeln verstößt. Auch auf gesellschaftlicher Ebene, also im ganz alltäglichen Leben und nicht bloß in den geschützten Räumen von Wissenschaft und Kunst, erweist der Normbruch sich mitunter als notwendig für den Fortschritt. »Das Verbrechen ist also eine notwendige Erscheinung«, konstatierte Emile Durkheim, einer der Begründer der Soziologie, »es ist mit den Grundbedingungen eines jeden sozialen Lebens verbunden und damit zugleich nützlich. Denn die Bedingungen, an die es geknüpft ist, sind ihrerseits für eine normale Entwicklung des Rechts und der Moral unentbehrlich.«[13]

Durkheim sah »kollektive Gefühle« als Grundlage der Moral und somit auch der Gesetze und informellen Normen. Diese dürfen jedoch nicht zu fest sitzen, zu streng durchgesetzt werden, weil sonst nicht nur (unerwünschtes) Verbrechen, sondern auch (erwünschte) Innovation unterdrückt wird.

»Die Autorität, welche das moralische Bewusstsein genießt, darf gewisse Schranken nicht überschreiten, sonst würde niemand daran zu rühren wagen und es allzuleicht eine erstarrte Form annehmen. Damit sich das moralische Bewusstsein entwickeln kann, erscheint es notwendig, dass sich die individuelle Originalität durchzusetzen im Stande ist; und damit die Moral des Idealisten, der seinem Jahrhundert voraus sein will, sich entfalten kann, muss die unterhalb des Zeitniveaus stehende Moral des Verbrechers möglich sein. Eines bedingt das andere.«[14]

---

13 Emile Durkheim: Die Regeln der soziologischen Methode. Herausgegeben von René König. Verlag Luchterhand, Neuwied 1965 (1895), S. 159.

14 Ebd., S. 160.

Die von Durkheim beschriebene Dialektik lässt sich recht gut an dem Phänomen Berlin veranschaulichen. Berlinliebhaber und Berlinhasser – Indifferente gibt es nur wenige – sind sich wohl ohne Streit darin einig, dass Berlin dreckig ist, die Verwaltung dysfunktional und dass es dort mehr Verbrechen gibt als anderswo. Die Bewertung dieser Fakten fällt jedoch vollkommen unterschiedlich aus – nicht etwa weil die Berlinliebhaber den Schmutz, die dysfunktionale Verwaltung und das Verbrechen gut fänden, sondern weil sie ihnen Indiz dafür sind, dass »die kollektiven Gefühle, welche die Grundlage der Moral bilden, einer Änderung nicht unbedingt widerstehen und daher auch nur eine mäßige Energie besitzen«. Kurzum: Die Berlinliebhaber finden hier Raum für ihre Lebensexperimente, gesellschaftlichen Avantgardismen, postkapitalistischen Firmengründungen und künstlerischen Versuche und nehmen deshalb die andere Seite der Medaille bewusst in Kauf. Doch Durkheim fährt fort:

»Das ist nicht alles. Außer dieser indirekten Zweckmäßigkeit geschieht es, dass das Verbrechen in der sittlichen Entwicklung sogar eine nützliche Rolle spielt. Es hält nicht bloß den notwendigen Änderungen den Weg offen, in manchen Fällen bereitet es auch diese Änderungen direkt vor. [...] Wie oft ist das Verbrechen wirklich bloß eine Antizipation der zukünftigen Moral, der erste Schritt zu dem, was sein wird. [...] Die Gedankenfreiheit, derer wir uns heute erfreuen, wäre niemals proklamiert worden, wenn die sie verbietenden Normen nicht verletzt worden wären, bevor sie noch feierlich außer Kraft gesetzt wurden. In jenem Zeitpunkt war ihre Verletzung jedoch ein Verbrechen, da sie eine Beleidigung von Gefühlen bedeutete, welche bei der Mehrheit noch sehr lebendig waren. Nichtsdestoweniger war dieses Verbrechen nützlich, da es das Vorspiel zu allmählich immer notwendiger werdenden Veränderungen war. Die unabhängige Philosophie hat ihre Vorläufer bei Häretikern jeder Art zu suchen, die während des ganzen Mittelalters bis an die Schwelle der Neuzeit vom weltlichen Arm mit Recht verfolgt wurden.«[15]

Mitunter die Innovatoren selbst machen sich also nach den Gesetzen ihrer Zeit zu Verbrechern. Diese Diskrepanz zwischen dem Urteil von jeweiliger Gegenwart und Nachwelt lässt sich recht interessant an den Namen von Schulen beobachten. Zwar bin ich auf die Albert-Einstein-Schule gegangen, aber trotzdem wurden wir dort nicht dazu ermutigt, den Physiklehrer und seine Lehrmeinung in Frage zu stellen. Auf der nahegelegenen Bert-Brecht-Schule konnte man mit Forderungen zur Zwangskollektivierung sicher nicht sein Gesellschaftskunde-Abitur bestehen. Und auch an der Georg-Büchner-Schule, gleich um die Ecke, gehörten aufrührerische Pamphlete nicht zum Unterrichtsziel. In ihrer Zeit galten die Namensgeber als Regelbrecher, aber wenn

15 Ebd., S. 160 f.

ihre Ansichten und Wertvorstellungen, die sie einst in Konflikt mit dem Gesetz gebracht hatten, allgemein akzeptiert worden sind, werden Schulen nach ihnen benannt, in denen gelehrt wird, sich regelkonform zu verhalten.

Doch nicht nur die gesellschaftliche Entwicklung der Menschheit ist von Regelbrüchen geprägt. »Die Menschheitsgeschichte begann mit einem Akt des Ungehorsams«, konstatiert Erich Fromm:

»Als Adam und Eva noch im Garten Eden lebten, waren sie ein Teil der Natur; sie standen in voller Harmonie mit ihr und transzendierten sie noch nicht. Sie befanden sich in der Natur wie der Embryo im Mutterleib. Sie waren Menschen und gleichzeitig waren sie es noch nicht. All das änderte sich, als sie einem Gebot nicht gehorchten. [...] Die Erbsünde hat den Menschen keineswegs verdorben, sie setzte ihn frei; sie war der Anfang der Geschichte. Der Mensch musste den Garten Eden verlassen, um zu lernen, sich auf die eigenen Kräfte zu verlassen und ganz Mensch zu werden.

Die Propheten haben mit ihrer messianischen Vorstellung die Idee bestätigt, dass es richtig gewesen war, nicht zu gehorchen; dass der Mensch durch seine ›Sünde‹ nicht verdorben, sondern von den Fesseln der vormenschlichen Harmonie befreit wurde. Für die Propheten ist *die Geschichte* der Ort, wo der Mensch menschlich wird. Im Lauf der Geschichte entwickelt er die Kräfte seiner Vernunft und Liebe, bis er eine neue Harmonie zwischen sich selbst, seinen Mitmenschen und der Natur erzeugt.«[16]

Hier finden sich die Überlegungen dazu wieder, dass Souveränität und Eigenverantwortung jenseits der Regeln zu finden sind. Nicht nur wir als einzelne Individuen erleben emphatische Freiheit, wenn wir nur unseren Neigungen folgen und nicht den Regeln, auch der Mensch als Gattungswesen hat sich dadurch als souverän gesetzt. Warum Maultaschen ein schlagendes Beispiel für diese Form der Emanzipation sind, werden wir später betrachten.

---

16 Erich Fromm: Über den Ungehorsam. Deutscher Taschenbuch Verlag, München 1986 (1981), S. 9 f.

Ersatzbefriedigung

21. Ich war noch niemals in New York: vom Regelbruch träumen, statt ihn zu wagen

»Ich war noch niemals in New York, ich war noch niemals auf Hawaii, ging nie durch San Francisco in zerrissenen Jeans. Ich war noch niemals in New York, ich war noch niemals richtig frei, einmal verrückt sein und aus allen Zwängen fliehen«, so singt Udo Jürgens in seinem Schlager von 1982 und erzählt die Geschichte eines Mannes, der nach dem Abendessen zum Zigarettenholen aus der Mietswohnung aufbricht, in der er mit Frau und mindestens einem Kind lebt. »Er zog die Tür zu, ging stumm hinaus ins neon-helle Treppenhaus. Es roch nach Bohnerwachs und Spießigkeit.« Und dann träumt er davon, wie es wäre, einfach ein Taxi zum Flughafen zu nehmen, die Enge hinter sich zu lassen, New York zu sehen und in zerrissenen Jeans durch San Francisco zu laufen. Aber natürlich kehrt er mit den Zigaretten dann wieder nach Hause in sein als so eng empfundenes Leben zurück. Beinahe hätte er sogar »Dalli, dalli« verpasst. »Sie fragte, war was? Nein, was soll schon sein.«

Mal davon abgesehen, dass niemand mehr weiß, wie Bohnerwachs riecht, San Francisco nicht mehr die Stadt der zerrissenen Jeans, sondern von Hightech, hohen Mieten und Obdachlosigkeit ist, dass

»Dalli, dalli« lange abgesetzt wurde, beschreibt Udo Jürgens eine zeitlose Stimmungs- und Sehnsuchtslage, was dafür sorgt, dass es immer wieder frische Cover-Versionen des Songs gibt. Die Sehnsucht, auszubrechen, gibt es nach wie vor, auch wenn Reisen nach New York und Hawaii fast normal geworden sind und man auch in Deutschland unbehelligt in zerrissenen Jeans herumlaufen kann. Und die Entscheidung, diesem Drang nicht nachzukommen, sondern ihn als gedankliche Kapriole abzulegen, scheint weiterhin zu überwiegen.

Geschieht das aus Feigheit, die einen davon abhält, den Traum zu leben, der Sehnsucht zu folgen? Oder ist das Gefühl von Verpflichtung oder, positiver gefasst, von Fürsorge so stark? Alle diese Fragen basieren auf der Annahme, dass Träume, Phantasien, Sehnsüchte nur der Erfüllung dienen und dass das Träumen, Phantasieren und Sehnen keinen Wert an sich hat.[1] Vielleicht sieht aber gerade so eine erfüllte menschliche Existenz aus, dass es das eine Leben gibt, das man lebt, während man im Kopf das andere hat, von dem man träumt. Ein paar Träumereien gehen ja auch in Erfüllung. Es gibt auch solche, die gar nicht fürs Gelingen gedacht sind. Es wäre ein unromantisches, prosaisches Leben, in dem alles Träumen und Sehnen Wirklichkeit

1 Die Überlegung dieses Absatzes entstammt dem Essay »Hiergeblieben!« aus dem Band »Zweite Welten« von Robert Pfaller. S. Fischer Verlag, Frankfurt a. M. 2012.

würde. Die Melancholie des Unerfüllten und dessen anbetungswürdige Vollkommenheit fehlten. Die Sehnsucht des Ehemannes beim Zigarettenholen zeigt also nicht unbedingt eine Leerstelle in seinem Leben an, sondern vielleicht gerade dessen Vollständigkeit.

Ein Freund erzählte mir, dass viele der Frauen, die ihn einst in Versuchung geführt hätten, ihn kaltließen, nachdem er sich mit seiner Frau auf eine offene Beziehung geeinigt hatte. Die Frau auf dem U-Bahn-Sitz gegenüber war nun nicht mehr Projektionsfläche für ein verbotenes Verlangen, sondern ganz konkrete und somit profane Möglichkeit – und damit schon nicht mehr so verlockend. Der Gedanke an den Seitensprung hatte sich zwar höchst interessant gestaltet, doch die Möglichkeit, mit dieser Frau nun erlaubt und tatsächlich anzubandeln, nicht mehr. Mein Freund sah nun die Mühe vor sich, die es kosten würde, sie anzusprechen und dafür womöglich eine Abfuhr zu bekommen, aber auch all das, was ihm an ihr nicht gefiel. Das Verbotene erhält auch dadurch seinen Reiz, dass es oft bloß in der Phantasie ausgeführt wird und dadurch besonders verheißungsvoll erscheint. Das Verbotene – oder in diesem Fall das Geduldete – tatsächlich auszuführen, bedeutet Mühe und birgt stets auch die Gefahr der Entzauberung.

22. Durchs wilde Kurdistan: Die Fiktion zeigt das Menschliche jenseits des Erlaubten

Wie wir bereits gesehen haben, gibt es mitunter einen Widerspruch zwischen dem, was erlaubt ist, und dem, was sich eindeutig richtig anfühlt. Manchmal muss man sich die Freiheit nehmen, die Regeln zu übertreten, um das Richtige zu tun. Natürlich kann sich das rächen, denn Regelbruch wird sanktioniert. Hier liegt ein potentieller Konflikt und somit Stoff für Geschichten. Das Richtige jenseits des Erlaubten ist tatsächlich ein immer wiederkehrendes Grundprinzip literarischer Klassiker. Werther liebt die Frau, die mit einem anderen Mann verlobt ist. Er verstößt gegen die Regeln oder täte es zumindest, würde er seiner Leidenschaft folgen. Doch genießt seine aufrichtige Liebe nicht weitaus größere Legitimation als die Gesetze und Sitten der Zeit? Der Leser empfindet, dass das Richtige außerhalb des Erlaubten liegt. Michael Kohlhaas ist Unrecht geschehen, aber da es nicht gesühnt wird, nimmt er die Rache selbst in die Hand. Er setzt sich über alle Regeln und über alles Maß hinweg, und doch scheinen seine Verbrechen auf eine gewisse Weise gerechtfertigt. Effi Briest begeht Ehebruch und macht sich somit schuldig, aber sind nicht die Eltern, die sie zu jung verheirateten, und ihr Mann, der sie vernachlässigt, die eigentlich Schuldigen? Des Lesers Sympathie ist eindeutig bei Effi, auch wenn sie die

Regeln gebrochen hat und die Konsequenzen dafür tragen muss.

Diese Geschichten sind spannend, weil sie auf den inneren Konflikten basieren, die uns immer wieder beschäftigen, wenn wir uns einen Wunsch vorenthalten, weil seine Erfüllung außerhalb des Erlaubten läge. Hier sehen wir nun Figuren, die sich die Freiheit nehmen, und können uns sogleich mit ihnen identifizieren. Doch sie erfahren Strafe, und so sind es im klassischen Sinne lehrreiche Geschichten für uns. Trotzdem nähren sie ein Gefühl, das nicht unerheblich den Reiz des Verbotenen befördert, nämlich, dass das wahrhaft Menschliche außerhalb der Regeln zu finden sein könne. Verbote nähren diese Vorstellung noch, denn im allgemeinen meidet man deren Übertretung, hat also kaum Gelegenheit, die eigenen Projektionen mit der Wirklichkeit abzugleichen. Das Verbotene gerät somit leicht zum Verklärten.

Dieser Verklärung huldigen oft Filme, die sich mit kriminellen oder anarchischen Milieus und Situationen befassen, also etwa Western-, Kriegs- oder Mafiafilme. Es gelten keine Gesetze, wenn man »Durchs wilde Kurdistan« reitet, aber doch gibt es die guten Menschen, die einander achten und helfen und gegen die Bösen kämpfen. Dieser harte Gegensatz zwischen Gut und Böse muss nicht anhand eines Gesetzbuches herbeiargumentiert werden, sondern er besteht in seiner unhinterfragbaren natürlich erscheinenden Wahrhaftigkeit. Darin scheint die romantische Sehnsucht auf, dass jenseits all der Kompromisse der Zivilisation eine reine Menschlichkeit zu finden sei. Das gleiche gilt für den Kriegsfilm, in dessen Szenerie die zivilisierten Formen des menschlichen Umgangs ebenfalls ausgeschaltet sind. Ebenso gibt es Mafiafilme, die zwar komplett in einem kriminellen Setting spielen, aber dennoch ein menschliches Rechtsverständnis zeigen, das der Zivilisation und ihrer Beschränkungen anscheinend nicht bedarf.

Und tatsächlich ist ja etwas dran an dieser Vorstellung von Naturrecht und Urzustand, nach der mancher sich sehnt. »Räuber und Piraten könnten ihr verderbliches Bündnis nicht aufrechterhalten«, so David Hume in seiner Untersuchung über die Prinzipien der Moral, »würden sie nicht untereinander eine neue Verteilungsgerechtigkeit etablieren, sich den Regeln der Fairness entsinnend, die sie gegenüber dem Rest der Menschheit gebrochen haben.« Nach Hume ist Fairness keine Leistung der Vernunft und nichts, was erzwungen werden müsste, sondern sie ist als Gefühl in den Menschen angelegt. Und in diesem Sinne könnte auch die Sehnsucht zu interpretieren sein, die durch solche Werke befriedigt wird. In diesen fiktiven Welten gelten Regeln, aber nicht jene von außen auferlegten und auch nicht jene, die »die Vernunft gebietet« – diese gängige Formulierung zeigt, dass wir die Vernunft oft nicht als Teil unseres Inneren, sondern als von außen oktroyiert erleben –, sondern oft jene, die wir als gerecht empfinden.

Geschichten, in denen sich Protagonisten größere oder kleinere Übertretungen erlauben, können uns natürlich auch in der Art befriedigen, dass wir hier stellvertretend den Reiz des Verbotenen und die Freiheit jenseits des Erlaubten erleben können, ohne Gefahr zu laufen, uns dabei selbst in die Bredouille zu bringen. Statt als bloße Ersatzbefriedigung lassen sie sich aber auch als Trockenübungen verstehen. Es mag darum gehen, vorbereitet zu sein, bei Gelegenheit selbst gegen die Regeln zu verstoßen, gewappnet zu sein, wenn andere es tun, und Gelegenheiten und Anlässe für sich und andere frühzeitig zu erkennen. Literatur und Fiktion oder – weniger hochgegriffen – Geschichten können als ein Mittel betrachtet werden, sich auf die Herausforderungen des wahren Lebens vorzubereiten.

»Der Autor platziert einen fiktiven Charakter in einer hypothetischen Situation in einer ansonsten realen Welt, in der alltägliche Fakten und Gesetze gelten, und erlaubt dem Leser, die Konsequenzen zu erfahren. [...] Wenn die fiktive Welt einmal errichtet ist, wird der Protagonist mit einem Ziel ausgestattet und wir schauen zu, wie er oder sie es im Angesicht von Hindernissen verfolgt. [...] Charaktere in fiktiven Welten tun genau das, was unsere Intelligenz uns in der wahren Welt zu tun erlaubt. Wir schauen zu, was ihnen passiert, und machen mentale Notizen über die Ergebnisse der Strategien und Taktiken, die sie nutzen.«[2]

So beschreibt Steven Pinker Wirkung und Funktion von Literatur. Mehr in die Tiefe und ins Detail gehen John Tooby und Leda Cosmides. Bei ihnen vermitteln Geschichten nicht bloß Taktiken, Strategien und deren Anwendung, sondern formen das Gehirn und seine mentalen Mechanismen. Hier dienen sie der grundlegenden Kalibrierung des Organs.

»Wir denken, dass die Aufgabe, das Gehirn über die Lebensspanne hinweg sowohl physisch als auch informational zu organisieren, das herausforderndste Anpassungsproblem ist, das die menschliche Entwicklung stellt. Das Gehirn zu formen und jeden seiner psychischen Mechanismen bereitzumachen, seine jeweilige Funktion so gut wie möglich zu erfüllen, ist, so glauben wir, ein gewaltig unterschätztes Anpassungsproblem.«[3]

Nicht nur der Körper braucht Training, sondern auch das Gehirn. Aber damit meinen Tooby und Cosmides nicht das populäre »Hirnjogging« nach Art von Sudoku und Silbenrätsel, gemeint ist ein

---

2 Steven Pinker: How the Mind Works. Penguin, London 1999 (1997), S. 541 (Übersetzung d. A.).

3 John Tooby und Ledy Cosmides: Does Beauty Build Adapted Minds? Toward an Evolutionary Theory of Aesthetics, Fiction and the Arts. In: SubStance 30(1/2), 2001, S. 14 (Übersetzung d. A.).

Training, das sich vielmehr den Problemen von Zwischenmenschlichkeit und Gemeinschaftsleben widmet. Sie ziehen die Parallele zum Spiel, wie es ja schon bei einigen Tieren beobachtet werden kann. Hunde spielen Kämpfen, Jagen, Totschütteln, ohne dabei sich selbst oder anderen weh zu tun. Nach Tooby und Cosmides findet dieses Spiel im sogenannten Organisationsmodus statt, ein Modus, in dem das Tun an sich Spaß bereitet. Dadurch verbessert man seine Fähigkeiten für den Umgang mit Situationen, in denen sie wirklich gefragt sind, nämlich im »Funktionsmodus«. Denn dann müssen Kämpfe tatsächlich gewonnen werden, dann geht es tatsächlich darum, eine Beute zu jagen, zu fassen, totzuschütteln. Ohne das wiederholte Üben im Spiel würde das nicht gelingen. Auf diese Weise hat sich im Prozess der Evolution der Spaß am Spiel durchgesetzt: Jene, die mit Freude spielen, sind in der Lage, die Probleme des Lebens besser vorbereitet anzugehen.

Den Organisationsmodus des Spiels sehen Tooby und Cosmides auch am Werk, wenn es um den Kunstgenuss der Menschen geht, nur dass hierbei nicht der Körper trainiert wird, sondern Sinne, Gefühle und Geist. Natürlich sind die konkreten Hypothesen nach Kunstform sehr unterschiedlich; bildende Kunst schult das Auge, Musik die Ohren. An dieser Stelle jedoch wollen wir uns auf die Narration konzentrieren. Durch die Möglichkeit, uns von anderen Geschichten erzählen zu lassen:

»[…] sind wir nicht mehr begrenzt auf den langsamen und unverlässlichen Fluss eigener Erfahrungen. Statt dessen können wir in den vergleichsweise schnellen Fluss der stellvertretenden, orchestrierten, vorgestellten oder fiktionalen Erfahrung eintauchen. Eine Jäger-und-Sammler-Gruppe mag über Dutzende oder Hunderte von Gesamtlebenserfahrungen verfügen, deren Zusammenfassungen angezapft werden können, wenn sie denn kommuniziert werden. Nachempfundene Erfahrungen besonders interessanter Ereignisse, kommuniziert durch andere, sollten deshalb ästhetisch anregend sein[, um uns für sie zu interessieren]. Dabei müssen es nicht einmal akkurate Darstellungen wahrer Ereignisse sein, um auf das Hirn einen wertvollen organisierenden Effekt zu haben. […] Fiktionaler Informations-Input als eine Form simulierter oder imaginierter Erfahrung bietet vielfältige Konstellationen von Situationen und Reizen, die entsprechende Reaktionen auslösen, und diese Gesamtinformation wird kognitiven Systemen verfügbar gemacht, die für Vorausschau, Planung und Empathie zuständig sind. Indem Fiktion unsere Reaktionen auf potentielle Leben und Realitäten auslöst, entwickeln wir reichhaltigere und angepasstere Gefühle gegenüber dem, was wir noch gar nicht selbst erlebt haben.«[4]

---

4 Ebd., S. 23.

Diese Erfahrung mit Dingen, die noch nicht selbst erlebt wurden, mag besonders wichtig sein für die Freiheit jenseits des Erlaubten, ist sie doch mit besonderem Risiko verbunden. Solange wir uns innerhalb der Rituale und Regeln bewegen, Tabus und Gesetze achten – die uns nicht zuletzt durch Geschichten anderer Art vermittelt wurden –, sind wir auf der eher verlässlichen Seite. Außerdem machen wir im Alltag ohnehin ständig Erfahrung damit, wie wir und andere sich an Regeln halten. Aus Geschichten erfahren wir deshalb gerne über das Tabuisierte, das Verbotene, den Regelbruch. Nicht nur um dies alles selbst auszuführen, sondern unter anderem deshalb, um uns bewusst zu werden, dass auf eheliche Treue nicht immer Verlass ist, dass Abmachungen gebrochen werden, dass Besitz gestohlen werden kann. Und ganz offensichtlich haben diese Geschichten auch eine mahnende und erzieherische Wirkung. Durch deren Übertretung wird man auf eindrücklichste Weise auf die Norm aufmerksam gemacht. Da diese Geschichten vom Regelbruch meist schlecht ausgehen, halten sie dazu an, ihn besser bleiben zu lassen.

23. Bluff für brave Bürger: Übertretungsersatz im Spiel

Ein Freund, der eine Zeit lang seinen Lebensunterhalt mit Pokern verdiente, erklärte mir einst die typischen Anfängerfehler, die abzulegen schon die halbe Miete für die Professionalität sei. Zum einen müsse man viel wählerischer sein in den Blättern auf der Hand, mit denen man überhaupt mitspielt oder gar in die Vollen geht. Anfänger legten viel zu selten ihre Karten einfach hin, wollten immer mitspielen. Sie seien nicht fähig anzuerkennen, dass sie mit einem schlechten Blatt keine guten Chancen haben, die Runde zu gewinnen. Besser sollten sie ihre knappen Chips für die wenigen Glücksfälle aufbewahren, in denen sie ein gutes Blatt auf der Hand haben. Zum anderen würden Anfänger ständig bluffen. Wieder seien sie nicht in der Lage anzuerkennen, dass sie einfach ein mieses Blatt haben. Sie überschätzten ihre schauspielerischen Fähigkeiten sowie ihre Überzeugungskraft und unterschätzten die Qualität der Karten der anderen Spieler. So trieben sie die Einsätze hoch und hätten am Ende nur: nichts.

Was mein Freund als mangelndes Einschätzungsvermögen des Anfängers darstellte, macht aber für die meisten gerade den Reiz des Spiels aus. Sie wollen immer mitspielen, und bluffen wollen sie auch. Beim professionellen Spiel, also für Geldgewinn, gilt das als Fehler. In einer rein spielerischen, unprofessionellen Situation, die dem reinen Lustgewinn dient, ergibt das aber Sinn. Im profanen Leben wird sich, wenn es um Geld geht, meist zurückgehalten, man handelt bedacht. Rückhaltlos in die Vollen gegangen wird lediglich, wenn es wenig kostet. Im Spiel wird die Gelegenheit zur Unvernunft ausgekostet. Und vom Bluffen geht ein besonderer spielerischer Reiz aus, kann hier doch ein Alltagstabu erwünscht gebrochen werden.

Sicher ist es dem professionellen Spieler egal, ob er seinen Geldgewinn auf Grund eines Bluffs oder einer guten Hand einstreicht. Dem unprofessionellen Spieler hingegen bereitet ein Spielgewinn durch Bluff viel mehr Vergnügen. Wenn alle anderen aufgegeben haben, kann er siegreich seine schlechten Karten auf den Tisch legen und es ihnen zeigen. Ja, was eigentlich zeigen? Dass er sie getäuscht und belogen hat und dass er damit durchgekommen ist. Er hat die anderen ganz legal über den Tisch gezogen, und die dürfen sich nicht beklagen, sondern müssen wohlwollend nicken. Verkehrte Welt. Dem Bluffer wird ein kleines Bröckchen jener Anerkennung zuteil, die sonst nur Meisterganoven entgegengebracht wird, die Superreiche um ein Stück ihres Vermögens bringen oder Kunstschätze aus hochgesicherten Museen entwenden. Gleichzeitig werden im Bluff die eigenen Fertigkeiten erprobt. Es ist eben wichtig zu wissen, ob man gut lügen kann oder nicht, ob man sich potentiell außerhalb des abgesicherten Modus des Spiels durch Betrug Vorteile verschaffen könnte oder diesen Versuch besser unterlässt.

Die Sphäre des Spiels ist prädestiniert dafür, sich der Freiheit jenseits des Erlaubten zu widmen, ist sie doch vom sonstigen Leben abgetrennt und für dieses weitgehend frei von Konsequenzen. Man kann auf dem Spielbrett von »Scotland Yard« einen Verbrecher auf der Flucht spielen oder auf der Theaterbühne einen Ehebrecher, ohne dass irgendwelche Konsequenzen zu fürchten wären. Aber das liegt eben daran, dass dies nicht verboten ist, und so bleibt der Nervenkitzel aus.

Die Sphäre des Spiels bietet gerade keinen fruchtbaren Ort in Hinsicht auf die Übertretung. Sie ist sogar der ungeeignetste Ort, um die Freiheit jenseits des Erlaubten zu suchen, zeichnet sich die Sphäre des Spiels doch gerade dadurch aus, dass es im Gegensatz zum wahren Leben keine Graubereiche, sondern nur klare Regeln kennt.

»[Das Spiel] schafft Ordnung, ja es ist Ordnung. In die unvollkommene Welt und in das verworrene Leben bringt es eine zeitweilige begrenzte Vollkommenheit. Das Spiel fordert unbedingte Ordnung. Die geringste Abweichung von ihr verdirbt das Spiel, nimmt ihm seinen Charakter und macht es wertlos. [...] Sobald die Regeln übertreten werden, stürzt die Spielwelt zusammen. Dann ist es aus mit dem Spiel.«[5]

Zum Pokern gehört das Bluffen, ja es liefert einen der entscheidenden Reize dieses Spiels. Das Mogeln hingegen gehört nicht zum Poker und hat damit das Potential, das Spiel zu zerstören. Es gibt

---

5 Johan Huizinga: Homo Ludens. Aus dem Niederländischen von Hans Nachod. Rowohlt Verlag, Reinbek 1969 (1938), S. 17f.

nur wenige Spiele, bei denen eine Handlung, die in einer offensichtlichen Täuschung besteht und dem Betrug sehr nahekommt, eine erlaubte und erwünschte Handlung darstellt. Da ist etwa das Spiel »Nobody Is Perfect«, bei dem allen Mitspielern ein abstruses Fremdwort vorgegeben wird, für das sich jeder Definitionen ausdenken muss. Lediglich ein Spieler wird über die wahre Definition informiert und mischt diese unter die falschen. Punkte erhält, wer die richtige Definition errät – und wer möglichst viele andere Spieler auf seine falsche Fährte gelockt hat.

Die »Übertretung« im Spiel muss also im Rahmen der Regeln geschehen. Sie zählt im Verlauf des Spiels nicht als Übertretung, bekommt diesen Charakter nur mit Bezug auf ihre Ähnlichkeit zu Handlungen im wirklichen Leben, die als Übertretung verstanden werden könnten. Gleichzeitig muss sie, um innerhalb des Spiels Sinn zu ergeben, den Spieler voranbringen und ein Nachweis gewisser Fähigkeiten sein, etwa besonders überzeugender Eloquenz oder überzeugenden Vorspiegelns falscher Tatsachen. Die im Spiel demonstrierten Fähigkeiten können unter Umständen auch im Alltagsleben Anwendung finden. Wer beim Poker gut bluffen kann, wird womöglich auch in der Realität mit Pokerface seine Mitmenschen austricksen können. Wer bei »Nobody Is Perfect« die glaubhaftesten Definitionen generiert, erweist sich vielleicht auch in der Berufswelt als besonders persuasiv.

Diese Fähigkeiten ließen sich prinzipiell auch durch Mogeln bei anderen Spielen zur Schau stellen. Überzeugend zu täuschen in einem Spiel, bei dem das Täuschen gerade nicht erlaubt ist, führt ebenfalls den Nachweis der eigenen Fähigkeiten auf diesem Gebiet. Man demonstriert aber dadurch nicht nur seine Fähigkeiten, sondern sowohl egoistisches Verhalten, nämlich indem man sich unlauteren Vorteil verschafft, als auch Rücksichtslosigkeit, indem man das Spiel und seine Regeln untergräbt. Beim Bluff im Poker hingegen ehrt man die Regeln und bringt sich womöglich mehr in Gefahr, als dass man sich nützt, schiebt man doch immer mehr Chips in den Pott, ohne brauchbare Karten auf der Hand zu haben.

Bluffen und Mogeln verlangen ähnliche Fähigkeiten, aber das eine liegt innerhalb des Regelhaften, das andere außerhalb. In dem einen Fall können positive Beweggründe unterstellt werden, im anderen unlautere. Der Unterschied ist eine Charakterfrage.

Und diese Beobachtung liefert eine wichtige Erkenntnis für die Freiheit jenseits des Erlaubten außerhalb der Sphäre des Spiels. Der Reiz des Verbotenen lockt dort, wo nicht andere, stärkere Reize ihn überdecken, wie etwa größerer Eigennutz. Man kann im Kaufhaus klauen, um Mut und Kaltblütigkeit zu demonstrieren, mithin für die Aufregung und den Kick. Oder man tut es, um materiellen Nutzen daraus zu ziehen, für das Diebesgut. Während im ersten Fall eher positive Persönlichkeitseigenschaften unterstellt werden können, Chuzpe und Geschick, sind es im zweiten Fall negative.

Die verlockende Freiheit jenseits des Erlaubten liegt dort, wo die Handlung mehr vom Verbot angereizt wird als vom unlauteren Vorteil. Der Reiz des Verbotenen für die Außenstehenden besteht dann, wenn Aufwand und Risiko der Übertretung den materiellen Ertrag übersteigen, wenn anzunehmen ist, dass die Übertretung um ihrer selbst willen ausgeführt wird. Man denke etwa an jene Gangsterfilme, bei denen ein Verbrechen auf ungeheuer komplexe und gewitzte Art ausgeführt wird. Mal davon abgesehen, dass daher Spannung und Unterhaltungswert dieser Filme rühren, wird mit dem Fokus auf die akribische Vorbereitung und Durchführung der Tat dem Publikum der Eindruck vermittelt, hier werde um der Sache selbst willen gehandelt, es gehe gar nicht um die Beute, sondern um den Coup. Dafür steht auch ein, dass in diesen Filmen nicht selten ein alter, erfahrener Gauner rekrutiert wird, der sich zunächst verweigert, aber dann angesichts der unverschämten Größenordnung und Herausforderung der Unternehmung doch zum Mitmachen gereizt wird. Die Übertretung sollte etwas Verschwenderisches an sich haben, einen Überschwang, sie sollte wie ein Fest gefeiert werden.

24. Could I eat your ass? Popkonsum als Bohème-Beteiligung

Das Oktoberfest des Jahres 2005 musste die Bloodhound Gang früher als geplant verlassen: Ihre Mitglieder wurden rausgeschmissen.[6] In einem Interview klagte der Frontmann Jimmy Pop, dass es ihnen dort sehr gefallen habe und dass sie eigentlich noch hätten bleiben wollen. »Jared ist schuld daran, dass wir rausgeschmissen wurden. Er ist so dumm!« sagte er über den Bassisten. Gitarrist Lupus berichtete genauer: »Jared hat einen ganzen Liter Bier getrunken und die Presseleute meinten zu ihm: ›Oh, wir konnten das nicht aufnehmen, könnten wir das nicht noch mal machen?‹ Und er sagte: ›Klar‹, und kotzte alles wieder ins Glas und trank es noch mal.«

Bei diesem Verhalten handelte es sich wohl nicht um eine bloß unbeholfene Höflichkeit gegenüber Journalisten des Gastlands, ebenso wenig hatte der Bassist das Bier beim zweiten Glas ebenso genießen können wie beim ersten. Der Tabubruch diente einfach der Provokation und der Erzeugung von Aufmerksamkeit. Die Fans der Bloodhound Gang wiederum genossen nicht nur deren Musik, sondern hatten auch Anteil an den von dieser Band so gerne

---

6 https://www.laut.de/News/Bloodhound-Gang-Rauswurf-beim-Oktoberfest-30-09-2005-3838, zuletzt abgerufen am 01.07.2024.

lancierten Provokationen. Indem sie die Musik aus den Fenstern ihres ersten Gebrauchtwagens dröhnen ließen (»Burn, Motherfucker, Burn!«, »I just Wanted to Ask, Could I Eat Your Ass?« und, wie bereits erwähnt, »Let's Do It Like They Do on the Discovery Channel«), die Bandshirts trugen und auf die Konzerte gingen, hatten sie zwar nicht einen Maßkrug Erbrochenes in einem Zug geleert, aber sie reklamierten dieselbe Form der Anstößigkeit für sich. Und selbstverständlich lassen sich mit Rechtsrock oder Gangster-Rap dieselben oder stärkere Effekte erzeugen.

Popmusik ist wohl seit jeher die Kunstform, in der Regel- und Tabubruch und die damit verbundenen Provokationen und Skandale ein wichtiger Teil des Geschäfts sind. Als Howard S. Becker, dem wir zuvor bereits begegnet sind, in den Fünfzigern das Verhalten sogenannter Tanzmusiker analysierte, meinte ein junger Musiker zu ihm: »Weißt du, die größten Helden im Musikgeschäft sind auch die größten Charaktere. Je verrückter ein Mann handelt, desto größer ist er, desto mehr liebt ihn jeder.« Was hier mit verrücktem Handeln gemeint ist, zeigen Geschichten wie diese:

»Wir spielten zum Tanz, und anschließend packten wir unsere Sachen wieder in den alten Bus und machten uns auf den Weg zurück nach Detroit. Etwas außerhalb der Stadt wollte der Wagen nicht mehr weiter. Benzin hatte er genug. Er wollte einfach nicht mehr. Die Leute kletterten heraus und standen nörgelnd rum. Ganz plötzlich sagte einer: ›Stecken wir ihn in Brand!‹ So zapfte einer Benzin ab, goss es über den Wagen, zündete ein Streichholz an und wumm! stand die Karre in Flammen. Was für ein Erlebnis! Der Wagen brannte aus und alle Leute standen darum, brüllten und klatschten in die Hände. Das war wirklich eine tolle Sache.«[7]

Auf diese und ähnliche Art kultivierten einschlägige Musiker damals ihre Andersartigkeit. Howard S. Becker stellt fest, dass die Musiker sich als spezielle Sorte Mensch fühlten, als jene, die den Rhythmus hatten, im Gegensatz zu denen, die ihn nie lernen würden. Sie waren anders als die »Spießer«, womit sie das gesamte bürgerliche Publikum meinten. Von dessen Unverständnis für die Musik wollten sie sich nicht beeinflussen lassen. So lag man im Zwiespalt, denn einerseits brauchte man den (monetären) Zuspruch eines Publikums, das nach »Schnulzen« verlangte, andererseits wollte man die hohen eigenen Standards und Ideale nicht verraten. Nach Beckers Studie dienen die Normübertritte von Musikern also der Abgrenzung vom bürgerlichen Publikum und der Selbstdarstellung innerhalb ihrer eigenen Gruppe.

Allerdings hat Becker das Publikum gar nicht befragt, so dass dessen Faszination für und dessen Identifikation mit den Musikern und deren Non-

7 Howard S. Becker: Außenseiter. A. a. O., S. 78.

konformismus gar nicht ersichtlich werden konnte. Übertretungen, die eigentlich der Abgrenzung gegenüber einer anderen Gruppe dienen, können auf diese andere Gruppe nämlich sehr anziehend wirken. Die Fans schätzen die Normbrüche der Künstler. Sie empfinden sie nicht als Abgrenzung, sondern fühlen sich durch ihren Musikkonsum als Teilhaber des Regelbruchs. Das Hören der Musik kann somit als Ersatzhandlung dienen: Man kann sein bürgerliches Leben weiterführen, aber die Musik, die man im Auto hört, das Bandshirt, das man in der Freizeit trägt, die Konzertbesuche erzeugen das Gefühl, teilzuhaben an der nonkonformen Lebensweise. Musik, die mitunter systemgefährdend erscheint, kann dadurch eher systemstabilisierend wirken.

Es war sicher nicht die Absicht der Punk-Band WIZO, in diesem Sinne revolutionsbehindernd tätig zu sein, aber ihr Song »Kein Gerede«, eigentlich ein Aufruf zu Umsturz und bewaffnetem Kampf, kann so befriedigend mitgegrölt werden, dass man sich nach Verstreichen der knapp drei Minuten Liedauer hinreichend abreagiert auf ein bequemes Sitzmöbel sinken lassen kann. Einst wurde der Text wegen seiner plumpen Gewaltaufrufe – »Sprengt die Knäste, sprengt Paläste, sprengt die Schweine in die Luft / Sprengt die Banken, sprengt die Schranken, jagt die Bonzen in die Flucht« – auf den Index gesetzt. Auf dem Album fand sich deshalb eine Instrumentalversion, die durch die fehlende Gesangsspur den jungen Hörern nahelegte, den Text beflissen auswendig zu lernen. Auch dies trug zur Wirkung des Songs bei: Er wurde nicht alleine gegrölt, alle grölten mit, und dieses gemeinschaftlich erlebte Revolutionsgeschrei war den mittelmäßig Nonkonformen schon Anarchie genug. Überdies langte es allemal, um öffentliches Ärgernis zu erregen. Dass für entsprechende Bandproben und Punkkonzerte vom städtischen Jugendzentrum gerne Räume zur Verfügung gestellt wurden, fiel den Maulheldenstaatsfeinden nicht als Widerspruch auf. Die Rap-Combo »Blumentopf« fasste diese gemäßigte Punk-Jugend in zwei Zeilen zusammen: »Wir haben es allen gezeigt, aber keiner hat's gesehen.« Der Titel des Songs: »Fuck the System – wenigstens 'n bisschen«.

Die erste Zeile des genannten WIZO-Songs lautet »Kein Gerede, nur die Tat«, also war das textsichere Mitgehen bei der Musik eigentlich gerade nicht, wozu der Song aufrief. Trotzdem ist nicht überliefert, dass WIZO während Konzerten über die bloß mitgrölende Menge verstimmt gewesen wäre und sie zur Revolution rausgeschickt hätte. Punk ist eben nicht nur Anarchismus, sondern auch Hedonismus.

Das Spannungsfeld zwischen anarchischem Nonkonformismus und gutem Kundenservice zeigt sich sehr schön an einem Song der staatstragenden Pop-Punk-Band namens »Die Ärzte«. Dort heißt es in der Albumversion des Songs »Kopfüber in die Hölle« von 1993:

Revolution! – wir wollten weg von der Masse
Kopfüber in die Hölle und zurück
Heute stehst du bei Hertie an der Kasse
Da ist keine Sehnsucht mehr in deinem Blick

Auf einem Best-of-Album 13 Jahre später ist allerdings die dritte Zeile dieses Ausschnitts geändert. Sie lautete nun: »Heute stehst du für alles, was ich hasse«. Nicht etwa, weil die Kaufhauskette Hertie mittlerweile in der Kaufhauskette Karstadt aufgegangen war, sondern, so der Schlagzeuger Bela B., »weil sich ein echter Hertie-Kassierer (und Ärzte-Fan) bei uns über die Ausgrenzung von Kaufhaus-Kassierern beschwert hatte. Uns war das peinlich, also schrieben wir's um.« Die Abgrenzung von den Spießern mittels Nonkonformismus endet also mitunter dort, wo damit Fans verprellt werden könnten. Rebellische Popmusik sollte eben auch für Angestellte und Beamte anschlussfähig sein, damit sie ihren Zweck von dreieinhalb Minuten Alltagsausbruch erfüllt. Die Rebellion gegen das stinknormale Leben mittels aufmüpfiger Musik steht allen offen, aber nur so lange, wie sie nicht durch den Text konkret davon ausgeschlossen werden.

Und selbstverständlich hat die Bereitschaft zum Normbruch im Pop nicht nur die Funktion, sich als Künstler vom Biedermann abzugrenzen, nicht nur die Funktion, als Bürger an der Bohème-Existenz teilzuhaben. Die Bereitschaft zum Normbruch ist auch in der Popmusik Voraussetzung für

Innovation. Wenn etwa Ray Charles in den späten Fünfzigern Gospel mit der Musik des Teufels, also Rock & Roll verbindet, ist er unerhört und innovativ zugleich. Wenn Bob Dylan 1963 bei einem Folk-Festival mit E-Gitarre und Band auftritt, bricht er mit den Erwartungen und etabliert das Neue. Und wenn schließlich Lil Nas X mit »Old Town Road« die Grenze zwischen Rap und Country überschreitet, wird er zwar aus den Country-Charts geworfen, bricht aber dafür den Rekord für die längste Zeit auf Platz 1 der Billboard-Charts.

Der Erhalt der Übertretung

25. Talent zur Grenzüberschreitung: wie man sich eine Tür offenhält

Der Bischof von Kotor nahm mich vor einigen Jahren im Auto mit. Ein Mitglied seiner Gemeinde, der katholischen Minderheit in Montenegro, chauffierte uns in seinem alten BMW von der Adriaküste nach Pristina, der Hauptstadt des Kosovo. Die Straße verlief auf halber Höhe einer Schlucht, zu unserer Linken ging es steil nach oben, zu unserer Rechten steil hinab. Die Leitplanken kräuselten sich vom Rost wie welke Rosen, und manchmal fehlten sie ganz. Unser Chauffeur fuhr einen sportlichen Stil, und der Bischof saß neben ihm und betete.

Um die Mittagszeit legten wir eine Pause in einer Gaststätte ein. Der Fahrer bestellte Pljeskavica mit Pommes, ich Ćevapčići mit Pommes, der Bischof hingegen bestellte sich Fisch, schaute dann seinen Fahrer streng an und sagte: »Schließlich ist heute Freitag.« Der Fahrer fühlte sich ertappt, wollte seine Bestellung noch ändern, aber blieb dann doch bei den Hacksteaks, schließlich hatte er den Bischof bereits verstimmt. Mich hingegen strafte kein Blick des Bischofs, hatte ich mich doch als Protestant vorgestellt.

Der Bischof trug an diesem Tag nicht seine Soutane, er war komplett in Zivil unterwegs, und doch erkannte die Wirtin des Gasthauses, dass er der Leiter unserer Unternehmung war und deshalb besonders großzügige Behandlung verdiente. Als sie schließlich auftischte, stellte sie dem Fahrer ein recht mittelgroßes Pljeskavica hin mit einem kleinen Häufchen Pommes. Ich bekam vier Ćevapčići, die Pommes wie abgezählt. Dem Bischof schließlich stellte sie einen großen Teller mit zwei gebratenen Forellen und einem Berg Pommes frites auf den Tisch. Der Fahrer aß sein Fleisch mit schlechtem Gewissen, ich saß mit zu großem Hunger vor meiner kleinen Portion. Als der Bischof eine seiner beiden Forellen verspeist hatte und der Pommesberg auch fast bis zur Hälfte abgetragen war, zeigte er kein Anzeichen von Sättigung, aber er schaute auf und fragte mich, ob Protestanten eigentlich auch fasten.

Zwei gebratene Forellen mit reichlich Beilage eine Fastenmahlzeit zu nennen, ist seitdem meine protestantische Vorstellung katholischer Lebensfreude. Vielleicht besteht der Unterschied zwischen evangelischer und katholischer Prägung in der unterschiedlichen Einordnung von Übertretungen, so wie sie die Protagonistin in Doris Lessings Erzählung »Meine Freundin Judith« vornimmt.[1] Die

---

1 Der Hinweis auf diese Erzählung stammt aus Heinz Schilling: Das Christentum und die Entstehung des modernen Europa. Herder Verlag, Freiburg 2022.

intellektuelle Engländerin Judith geht auf einer Recherche an der italienischen Küste eine Beziehung mit dem Friseur Luigi ein, verlässt ihn aber schließlich. Zu Hause zurück, formuliert sie eine Erkenntnis: Über den katholischen Luigi sagt sie, »er habe kein Gefühl für Schuld, doch ein Gefühl für Sünde, wohingegen sie kein Gefühl für Sünde habe, aber eins für Schuld.« Die katholische Variante wäre ihr lieber, denn »für eine Sünde könne man Buße tun«. Einmal ist die Übertretung also unverzeihlich, ein andermal selbstverständlicher Teil des Menschseins. Hier kommt sie als Einschränkung von außen daher, dort als schlechtes Gewissen, ein internalisiertes Schuldgefühl. Ein Meme, das regelmäßig an Karfreitag kursiert, bringt die Konsequenz daraus auf die Spitze. Es zeigt ein Bild von Jesus mit Sonnenbrille, Bierflasche und Joint, versehen mit der Caption: »Jesus wants to remind you that if you don't sin he died for nothing.« Martin Luther hätte mutmaßlich darüber gelacht, denn in einer seiner Tischreden sagte er: »Wenn wir einmal aufhören werden zu lügen, betrügen, stehlen, morden, rauben, ehebrechen, alsdann werden wir so fromm werden, das ist: wenn man uns mit Schaufeln in die Erde verscharret.« Wir sind Sünder ein Leben lang.

Das Konzept der Sünde und des Menschen als Sünder impliziert, dass der Regelbruch ein natürlicher Teil des Lebens ist. Wenn hingegen das Gewissen und das Schuldgefühl eine größere Rolle spielen, gibt es keinen Ort, an dem Nachsicht zu erhoffen wäre. Da ist es nur naheliegend, die äußeren Regeln und das tatsächliche Verhalten mit dem inneren Empfinden in Einklang bringen zu wollen. Das Bestreben, das Verbotene zu verunmöglichen und das Geduldete auch zu legalisieren, scheint mir ein recht protestantisches Anliegen zu sein in seinem Drang nach Eindeutigkeit. Die Katholiken, die ich kenne, folgen hingegen den strengeren Regeln, aber verstoßen mit größerer Leichtigkeit gegen sie. Casanova war ja auch zunächst Priester.

Protestanten haben ihre Disziplin kultiviert, Katholiken verfügen über eine verfeinerte Kultur der Übertretung. In Schwaben verweisen sie auf die lokale Spezialität Maultaschen als »Herrgottsbescheißerle«, die dazu dienen, an Fastentagen das Fleisch unter der Teighülle vor dem Blick Gottes zu verbergen. Zisterziensermönche im Kloster Maulbronn hätten sie entwickelt, woher auch der Name Maultasche rühre. Die Stimmlage, in der dieser Sachverhalt berichtet wird, ist nicht leicht zu fassen. Es ist nicht etwa Amusement über die naive Vorstellung der Altvorderen, eine Teighülle könne von Gott nicht durchschaut werden. Es schwingt jedoch auch keine Empörung mit über die betrügerische Praxis. Eher handelt es sich um eine katholische Chuzpe, die ich erst erkannte, als dieser Mogelei noch eins draufgesetzt wurde. Eine Bekannte erzählte, dass sie in ihrem österreichischen Dorf früher ein Schwein in den Teich geworfen hätten, um es dann wieder aus dem Wasser herauszuholen und somit als Fisch auch während des Fastens verspeisen zu dürfen. Hier wird nun klar, dass es niemals darum ging, Gott erfolgreich zu betrügen, davon zeugt allein schon die offensichtliche Art des Vorgehens. Es muss den Urhebern dieses Brauchs darum gegangen sein, Gott mit einem Augenzwinkern »linken« zu wollen, das auf Erwiderung hofft. Die kulinarische Tradition der Maultasche könnte somit als Ausdruck menschlicher Selbstbehauptung gewertet werden.

Mit dem Karneval haben Katholiken sogar eine Jahresphase, die Übertretungen geradezu einfordert. Demgegenüber bleibt Protestanten lediglich der importierte Mistelzweig, unter dem in der Weihnachtszeit ein unverfänglicher Kuss erlaubt sein soll. Ich habe noch von kaum jemandem gehört, der oder die davon Gebrauch gemacht hätte, allerdings hat mir ein Freund von einem Spiel aus seiner Jugendzeit berichtet, das vom Mistelzweig nicht sehr weit entfernt liegt: »Kartensaugen« hieß es, und er spielte es als Sechzehnjähriger auf einer Hausparty bei einem seiner Klassenkameraden. Man stellte sich im Kreis auf und musste eine Ansichtskarte von Mund zu Mund weitergeben, die man vor den Lippen hielt, indem dahinter durch Saugen ein Unterdruck erzeugt wurde. Wenn bei einer Übergabe etwas schiefging und die Karte zu Boden fiel, dann mussten die beiden Gescheiterten einander küssen. Mein Freund nun, der mir den Abend im Nachhinein erzählte, stand bei dem Spiel zwischen den beiden schönsten Mädchen der Schule. Er nahm sich fest vor, die Karte bei der Übergabe fallen zu lassen, aber er bekam es einfach nicht hin. Kaum berührte die Karte wieder seine Lippen, ging alles furchtbar schnell, und schon war sie wieder drei Münder weiter. Und den anderen ging es nicht anders, die Karte wanderte auf wundersame Weise fehlerfrei Runde um Runde, bis alle gelangweilt waren, weil es so gut funktionierte. So wurde das Ganze abgebrochen, obwohl keiner auf seine Kosten gekommen war. Das wiederum scheint, im Gegensatz zur doppelten Forelle am Fastentag, typisch protestantisch zu sein. Da wird ein Spiel gespielt, das keinen anderen Zweck hat, als den Beteiligten unbekümmertes Knutschen zu ermöglichen, die Schwelle der Annäherung etwas abzutragen. Man hätte die Einladungskarte bloß fallen lassen müssen, aber statt dessen wird pflichtbewusst die Aufgabe erledigt, die doch bloß Vorwand für das Eigentliche sein sollte.

Doch selbst im katholischen Bayern kann man sich mit Regeltreue den Reiz des Verbotenen verderben. Als zeitgemäßere Form des Bettes im Kornfeld und des Sex auf der Flugzeugtoilette mag die »Nacht bei Ikea« gelten.

»›Wir hatten ein Youtube-Video gesehen von Typen, die eine Nacht bei Ikea verbracht hatten. Da dachten wir, das machen wir auch‹, sagt Azubi Daniel.

Freitag kletterten er und seine Freundin kurz vor Ladenschluss in einen Kleiderschrank bei Ikea im bayerischen Eching – und warteten. ›Wir hörten immer wieder Geräusche und haben uns stundenlang nicht raus getraut. Das war echt eng da drinnen, die Luft wurde knapp.‹

Schließlich kletterten sie raus und zogen erst mal Ausstellungs-Kleidung an. ›Meine Freundin ein Kleid, ich eine Jacke. Es war ein lustiges Gefühl, ganz allein in dem riesigen Möbelhaus.‹ Die Münchner schmissen sich auf die Betten, tranken mitgebrachten Wein.

Dann wollte Daniel eine rauchen. Natürlich nicht IM Möbelhaus, ist ja schließlich verboten. ›Ich habe einen Notausgang gesucht. An einigen stand, dass sie alarmgesichert sind. An diesem nicht‹, so der Münchner. ›Trotzdem ging der Einbruchs-Alarm an.‹«[2]

Die Polizei rückte an, die Nacht bei Ikea war um drei Uhr morgens beendet, und Auslöser war letztlich nicht, dass Daniel und Nicole dem Reiz des Verbotenen gefolgt waren, sondern dass sie sich an entscheidender Stelle zu starr an die Regeln gehal-

---

2 https://www.bild.de/regional/muenchen/ikea/wir-verbrachten-eine-nacht-im-ikea-48114714.bild.html, abgerufen am 20.07.2022.

ten haben. Die kleine Gemeinde Eching ist übrigens von Kornfeldern umgeben, in denen das Rauchen unter freiem Himmel jederzeit möglich ist.

26. Meeresfrüchte als Kindheitstraum: vom Nutzen der Sitten für die Übertretung

Yotam Ottolenghi ist wohl einer der wichtigsten Köche der Gegenwart, jedenfalls der wichtigste Kochbuchautor. »Jerusalem«, ein Kochbuch, das er gemeinsam mit Sami Tamimi verfasste, wurde stilprägend für eine jüngere Generation von Kochbüchern, wie sie zurzeit die Buchhandelsregale füllen. Wie begeisterte sich der junge Israeli für das Kochen? Die kleine Erzählung aus seiner Kindheit, die er dem Rezept für »Meeresfrüchte in Tomatensauce mit Feta überbacken« voranstellt, gibt Aufschluss. Ottolenghi wuchs im Jerusalem der siebziger und achtziger Jahre auf, als sich, so wie er es beschreibt, streng an die jüdischen Speisegesetze gehalten oder sie zumindest nur im Verborgenen gebrochen wurden. So bekam der junge Ottolenghi für die Schule Sandwiches mit Schweineschinken eingepackt, den die Mutter beim Metzger unter der Ladentheke erwarb. Er aß den Schinken in der Pause, aber behielt für sich, dass er nicht von Wiederkäuern stammte. Noch viel mehr aber interessierte sich der Junge für ein gewisses Lokal in Ostjerusalem, weil dort Meeresfrüchte aufgetischt wurden, die, im Gegensatz zu Fischen mit Flossen und Schuppen, nicht koscher sind. Schon als Zehnjähriger war sein Geburtstagswunsch, dort den Garnelenteller mit Butter und Knoblauch zu essen. In einem Alter, in dem andere Kinder kaum etwas essen, was sie nicht kennen, und ihr simples Leibgericht am liebsten jeden Tag bekämen, sehnte sich Ottolenghi nach einem Essen, das er noch nie probiert hatte. Er sehnte sich danach, weil es verboten war. In diesem Sinne sind Verbote produktiv, weil sie Neugier wecken. Das religiöse Verbot hat Essen mit solcher Bedeutsamkeit aufgeladen, dass er es zu seinem zentralen Lebensthema machte.

Immer weniger Menschen in der westlichen Welt glauben an höhere Mächte. Strenge Sitten werden als überkommen verabschiedet. Viele Verbote gelten dadurch nicht mehr, das Reich der Freiheit wächst, allerdings auf Kosten der Freiheit jenseits des Erlaubten. In der entzauberten Welt gibt es aber eine andere Quelle für Verbote, neue Gebiete der Freiheit jenseits des Erlaubten werden erschlossen. Rationalität wurde zur leitenden Denkweise und die Unvernunft zum Tabu.

Jedoch ist es beim Menschen mit der Fähigkeit, seinen Verstand ohne die Leitung anderer zu benutzen, nicht weit her, denn trotz aller Vernunftbegabung ist der Mensch ein Gruppenwesen, das zur Anpassung tendiert und Einigkeit schätzt. Was wir gemeinhin als Vernunft bezeichnen, ist das internalisierte Gerüst von Normen, das wir im

Laufe unserer Sozialisation in unserem Umfeld vorgefunden haben. Auch lässt sich die Vernunft als Gegenspieler der Intuition, der Spontaneität, des Affekts und des Impulses betrachten. Die Vernunft erscheint dann gar nicht als Freiheitsfaktor, sondern wie der Spießer, der zur Ordnung ruft. Wenn wir jemandem zurufen: »Sei doch vernünftig!« Dann meinen wir nicht, er möge sich seines eigenen Verstandes bedienen, sondern er solle genau dies unterlassen und sich gefälligst so verhalten wie alle anderen auch, also nicht die Schule oder Ausbildung abbrechen, nicht unüberlegt heiraten, nicht von der Brücke springen.

Natürlich hat die Entzauberung der Welt einen Zugewinn an Freiheiten gebracht, doch der damit einhergehende Anspruch, vernünftig zu sein, erzeugt doch seine ganz eigenen Zwänge. Und glücklicherweise erzeugen diese Zwänge ihrerseits den Drang, auszubrechen, und bieten Hürden für Übertretungen. Der Reiz des Verbotenen geht dann schon von allem aus, was bloß als unvernünftig gilt, aber bei weitem nicht verboten ist. Die Zigarettenfirmen wissen schon, warum Freiheit und Ausbruch die großen Themen ihrer Werbekampagnen sind, denn in Zeiten, in denen Rauchern zunehmend die Vernunft abgesprochen wird, können sie so das rebellische Potential ansprechen. Für den Moment befreit sich der Rauchende vom engen Korsett der Vorgaben gesunden Lebens. Er bricht aus. Exzessiver Alkoholkonsum wiederum ist das

Pferdestehlen für Sitzenbleiber. Indem man sich mit einem Freund bis spät besäuft, zeigt man seine Wertschätzung, denn man schenkt einander Zeit, opfert Gesundheit und auch noch einen Teil der Produktivität des nächsten Tages. Dieses Bedürfnis, die Regeln der Vernunft zu brechen und gegen das Gebot der Selbstsorge zu verstoßen, beschreibt Fjodor Dostojewski in den »Aufzeichnungen aus dem Kellerloch«:

»Sie wiederholen mir, daß ein gebildeter, aufgeklärter Mensch, kurz, wie es ein Mensch der Zukunft sein werde, nicht imstande sei, willentlich etwas für ihn selbst Unvorteilhaftes zu wünschen; das sei mathematisch sicher. Aber ich wiederhole Ihnen zum hundertsten Male: es gibt nur einen Fall, nur einen einzigen, wo der Mensch absichtlich und willentlich sich sogar etwas Schädliches, Dummes, ja etwas riesig Dummes wünschen kann, nämlich um das Recht zu haben, sich sogar etwas riesig Dummes zu wünschen, und nicht durch die Pflicht dazu gezwungen zu sein, sich nur Kluges zu wünschen. Dieses riesig Dumme, diese eigene Laune, meine Herren, kann ja doch tatsächlich für unsereinen das Vorteilhafteste von allem, was es auf der Welt gibt, sein, besonders in manchen Fällen. Und speziell kann es vorteilhafter als alle Vorteile sogar in einem Fall sein, wo es uns offenbaren Schaden bringt und unseren gesundesten Vernunftschlüssen über Vorteile widerstreitet; denn es erhält uns in jedem Falle das Wichtigste und Wertvollste, nämlich unsere

Persönlichkeit und unsere Individualität; wenigstens behaupten manche, daß dies tatsächlich für den Menschen das Wertvollste sei.«[3]

In den USA hat sich als Reaktion auf die weltweite Besorgnis um das Weltklima ein neues, nachträglich einzubauendes Extra für Personenkraftwagen ausgebreitet. Bei den sogenannten *coal rollers* handelt es sich um Pick-ups, die mit einem speziellen Mechanismus zu viel Treibstoff in den Zylinder einspritzen können und dadurch über alle Maßen rußen. Die Eigner dieser Fahrzeuge haben den allgemeinen Wunsch nach reiner Luft und Reduktion der Emissionen so satt, dass sie demonstrativ dagegen verstoßen wollen, indem sie schwarzen Rauch in die Luft pusten. Damit verstoßen sie zwar nicht gegen Gesetze, aber gegen Überzeugungen einer breiten Öffentlichkeit. Und selbst werden sie wohl auch wissen, dass es keine tolle Sache ist, auf so eine Art Sprit zu verschwenden und die Luft zu verpesten, doch irgendwie scheint dieser schwarze Rauch sie in einer als übermäßig restriktiv erlebten Welt aufatmen zu lassen.

Zumindest weisen die rußenden Pick-up-Trucks auf einen entscheidenden Unterschied hin zwischen den Verstößen gegen die guten Sitten und den Ver-

---

3 Fjodor Dostojewski: Aufzeichnungen aus dem Kellerloch. Aus dem Russischen von Swetlana Geier. Fischer Taschenbuch Verlag, Frankfurt a. M. 2008 (1864).

stößen gegen die Vernunft. Was wir als Sitten sehen, sind jene Regeln, die nicht so zentral sind, dass sie zu Gesetzen erhoben worden sind, oder gar so selbstverständlich, dass sie nicht einmal in Gesetzesform gegossen werden müssten. Was nicht heißt, dass sie unwichtig wären. Friedrich Nietzsche beschreibt, wie sie einerseits willkürlich und überflüssig scheinen, andererseits dringend benötigt werden:

»Man tut das Gewohnte leichter, besser, also lieber, man empfindet dabei eine Lust, und weiß aus der Erfahrung, daß das Gewohnte sich bewährt hat, also nützlich ist; eine Sitte, mit der sich leben läßt, ist als heilsam, förderlich bewiesen, im Gegensatz zu allen neuen, noch nicht bewährten Versuchen. Die Sitte ist demnach die Vereinigung des Angenehmen und des Nützlichen, überdies macht sie kein Nachdenken nötig. Sobald der Mensch Zwang ausüben kann, übt er ihn aus, um seine *Sitten* durchzusetzen und einzuführen, denn für ihn sind sie die bewährte Lebensweisheit. Ebenso zwingt eine Gemeinschaft von Individuen jedes einzelne zur selben Sitte. Hier ist der Fehlschluß: weil man sich mit einer Sitte wohlfühlt oder wenigstens weil man vermittelst derselben seine Existenz durchsetzt, so ist diese Sitte notwendig, denn sie gilt als die *einzige* Möglichkeit, unter der man sich wohlfühlen kann; das Wohlgefühl des Lebens scheint allein aus ihr hervorzuwachsen. [...] Man weiß nicht, daß derselbe Grad von Wohlbefinden auch bei anderen Sitten bestehen kann und daß selbst höhere Grade sich erreichen lassen.«[4]

Sitten sind mitunter willkürlich. Sie schränken die Freiheiten der Menschen in einer Weise ein, die nicht zwingend erforderlich ist. Es lässt sich auch ohne Ächtung der unehelichen Elternschaft leben, wie unsere Gegenwart beweist. Auf ein Verbot von Mord, Raub, Diebstahl würde man indes nicht verzichten wollen.

Gegen Sitten zu verstoßen, ist also eine sozial verträgliche Art, sich das Gefühl der Freiheit jenseits des Erlaubten zu verschaffen. In diesem Sinne erweisen sich Sitten als überaus produktiv. Es gab Generationen, die sie hinwegfegen wollten, weil sie die Freiheit einschränkten, und sie hatten ja auch Erfolg damit. Hinweggefegt sind damit aber, wie wir bereits gesehen haben, auch all die Tabus, die sie damals zu brechen das Vergnügen hatten, die für heutige Jugendrebellionen aber nicht mehr zur Verfügung stehen. Mit der Überwindung dieser Sitten ist eben auch eine verträgliche Form verlorengegangen, dem Reiz des Verbotenen zu folgen.

Mit Verstößen gegen die Vernunft verhält es sich anders als mit solchen gegen Sitten. Denn die Regeln der Vernunft oder jene Handlungsleitlinien, die als vernünftig gelten, haben ja meist eine tatsächliche Begründung jenseits der Tradition und

---

4 Friedrich Nietzsche: Menschliches, Allzumenschliches. Insel Verlag, Frankfurt a. M. 2000 (1878), S. 79 f.

der Religion. Rauchen mag das Gefühl von Freiheit und Rebellion bringen, aber es birgt eben tatsächlich Risiken. Gegen Sitten zu verstoßen, fühlt sich nach Freiheit an und ist gleichzeitig ganz wunderbar cool und gewaltig harmlos. Gegen die Regeln der Vernunft zu verstoßen, fühlt sich nach Freiheit an, erscheint aber gleichzeitig töricht. Befriedigender ist es da, gegen die Vernunft zu verstoßen, wo sie nur getarnte Sitte ist. Nämlich da, wo die anderen rufen: »Sei doch vernünftig!« und damit lediglich meinen: »Sei so feige wie ich!« Natürlich sind die Verdienstchancen mit einem Studienabschluss im Schnitt höher, doch was ist es für ein Akt der Freiheit, entgegen den Erwartungen das Studium hinzuschmeißen und sich einem Leben zu widmen, das seine Erkenntnis nicht aus dem Hörsaal schöpft. Natürlich ist der unbefristete Arbeitsvertrag die bessere Voraussetzung für eine gute Rente, aber könnte eine Kündigung nicht ein entscheidender Befreiungsschlag für das Leben vor dem Ruhestand sein? Als Vernunft getarnt, gibt es immer noch genug Sitten, die sich verletzen lassen, gerade auch bei der Ernährung. Nicht wenige stehen trotzig am Grill und meinen, sie wendeten ihre Steaks gegen den veganen Zeitgeist.

27. Casanova in Paris: die Freiheit des Verbots

Als Casanova in Venedig lebte, war es ganz selbstverständlich, dass seine Zeitgenossen Affären und Geliebte hatten, selbst dem Klerus stand, je nach Rang, eine gewisse Anzahl von Konkubinen zu – allerdings nicht offiziell.[5] Alle wussten, wie das lief, aber irgendwie war es doch nicht öffentlich. Es spielte sich offenbar in jenem Graubereich knapp jenseits des Erlaubten ab, in dem zwar keine großen Sünden stattfinden, jedoch der Reiz des Verbotenen lockte. Und Casanova erlag dieser Verlockung bekanntermaßen regelmäßig. Irgendwann trieb er es aber zu bunt, wurde verurteilt und kam in Gefangenschaft. Doch er brach aus dem Gefängnis aus und flüchtete nach Frankreich. In Paris begab er sich dank Empfehlungsschreiben sogleich in die bessere Gesellschaft und hatte während einer Opernaufführung ein Schlüsselerlebnis. Neben ihm saß eine junge Frau von vielleicht sechzehn Jahren, der es während der Vorstellung übel wurde. Er bot ihr sein Riechsalz an, doch sie lehnte ab und lachte: »Ach, ich werde wohl schwanger sein!« Casanova war schockiert, woraufhin die junge Frau und ihre beste Freundin ihn wegen seiner Naivität

---

5 Giacomo Casanova: Aus meinem Leben. Aus dem Italienischen von Heinrich Conrad. S. Fischer Verlag, Frankfurt a. M. 2010.

verlachten. Natürlich hatte er schon sechzehnjährige Schwangere erlebt, aber dass sie es so rundheraus und schamlos zugaben, das war ihm noch nie untergekommen. Und er hatte natürlich auch schon erlebt, dass Ehepartner fremdgehen und dabei sogar Kinder zeugen. Doch er konnte kaum fassen, dass man in Paris alles offen aussprach. Es ging so weit, dass er bei adligen Familien zu Gast war, in denen die Kinder einen anderen Nachnamen hatten als die Eltern, weil jeder wusste, dass sie vom Geliebten der Mutter gezeugt worden waren und demzufolge auch seinen Namen tragen sollten. Jean-Jacques Rousseau, der zur selben Zeit in Paris war, schreibt:

»Der Ehebruch ist nichts Abscheuliches; man findet daran nichts, was den guten Sitten widerspräche [...] Man möchte meinen, die Ehe sei in Paris nicht von derselben Beschaffenheit als sonst allerorten. Sie ist, wie sie behaupten, ein Sakrament; dies Sakrament aber hat nicht einmal des geringsten bürgerlichen Vertrags Gültigkeit; es scheint bloß ein Übereinkommen zweier freier Personen zu sein, die miteinander vereinbaren, beisammen zu wohnen, denselben Namen zu führen und dieselben Kinder als die ihrigen anzuerkennen, die aber ansonsten kein Recht aufeinander haben.«[6]

---

6 Jean-Jacques Rousseau: Julie oder Die neue Heloise. A. a. O., S. 278 f.

In Paris war der Graubereich mit einem sauberen Lappen weggewischt worden. Nun war da nur noch der Bereich des offen Erlaubten und Ausgesprochenen. Jenes Halbdunkel, in dem Casanova sich so gerne bewegt hatte, war rücksichtslos hinweggeleuchtet worden. Unter diesen Umständen schien er fast den Reiz an der Sache der Verführung zu verlieren, jedenfalls verbrachte er große Teile seiner Pariser Zeit im Bordell. Die offene Liberalität der Pariser Gesellschaft hatte ihm keinen Zuwachs an Freiheit erbracht, sondern ihm das Wichtigste genommen.

Es ist natürlich wünschenswert, in einer Gesellschaft zu leben, wo die Freiheit des einzelnen möglichst umfangreich ist und gleichzeitig die Einhaltung der Regeln möglichst streng überwacht wird – um die Freiheit des einzelnen vor willkürlichen Übergriffen anderer zu schützen. Gleichzeitig gibt es diesen Reiz des Verbotenen, und es erscheint durchaus sinnvoll, dass eine Gesellschaft Räume bietet, innerhalb derer er ausgelebt werden kann, ohne größeren Schaden zu verursachen. Deswegen ist es womöglich gut, dass Schwarzfahren zwar verboten, aber doch möglich bleibt, damit jedem dieser harmlose Fehltritt jederzeit offensteht. Ebenso wäre es vielleicht geboten, das Kiffen zwar zu dulden, aber nicht zu legalisieren, um Jugendlichen diesen Raum der Rebellion zu belassen.

»Die Überschreitung ist eine Gegenüberstellung von nichts mit nichts, sie lässt nichts lächerlich werden, versucht nicht die Tragfähigkeit der Fundamente zu erschüttern; sie unternimmt nichts, um der anderen Seite des Spiegels jenseits der unsichtbaren und unüberwindlichen Linie zu neuem Glanz zu verhelfen. [...] Nichts ist in der Überschreitung negativ. Sie bejaht das begrenzte Sein, sie bejaht dieses Unbegrenzte, in das sie hineinspringt und so erstmals für die Existenz öffnet.«[7]

Nach Michel Foucault wäre der Schulschwänzer also keine negative Figur, sondern eine der doppelten Bejahung, nämlich des Erlaubten und der Freiheit jenseits des Erlaubten. Und so geht es beim Reiz des Verbotenen und der Freiheit jenseits des Erlaubten um die Leichtigkeit, die darin besteht, gleich zweimal Ja zur Welt und zum Leben zu sagen.

Wer die Freiheit jenseits des Erlaubten sucht, so wie sie hier gemeint ist, begeht weder Heldentat noch Schwerverbrechen, sondern eine harmlose Übertretung – im Guten wie im Schlechten. Es geht nicht darum, durch das eigene Handeln ein besserer Mensch zu sein oder gar eine bessere Welt zu schaffen. Die Tat dient dem Individuum, nicht der Veränderung. Schwänzen ist kein Schulstreik, ein Seitensprung kein Scheidungsantrag, Schwarzfahren keine Protestaktion, da ist nichts Heroisches.

---

7 Michel Foucault: Zum Begriff der Überschreitung. In: ders., Schriften zur Literatur. Aus dem Französischen von Karin von Hofer. Suhrkamp, Frankfurt am Main 2003, S. 70.

Doch der Vorzug der hier gemeinten Freiheit jenseits des Erlaubten besteht darin, dass es sich um ein eng begrenztes Verhalten handelt, das niemals zum Übergriff tendiert. Es sucht die Heimlichkeit und versucht, andere nicht zu schädigen.

Die Freiheit jenseits des Erlaubten liegt zwar auf der Schattenseite der Begrenzung, aber sie dringt in die garantierte Freiheit anderer, wenn überhaupt, nur minimal ein. Die Liebenden achten beim Gang ins Feld darauf, sich nicht zu großflächig durch den Weizen zu wälzen, schließlich wollen sie von hohen Halmen eng umgeben sein. Die Liebenden auf der Flugzeugtoilette halten jene mit anderen Bedürfnissen nicht allzu lange ab, denn ihre Leidenschaft führt schnell zum Ziel. Der Kiffer in seiner halben Heimlichkeit wird niemanden belästigen, und die Toleranz ihm gegenüber kommt ganz schnell an ihre Grenzen, wenn er sich bekifft ans Steuer seines Autos setzt.

Der einzelne Schulschwänzer protestiert nicht gegen die Schulpflicht, fordert kein neues Gesetz, er erhascht eine kleine Auszeit nur für sich selbst. Er will keine Avantgarde sein, und er will nichts verändern, er nimmt sich lediglich etwas heraus, das ihm laut Regeln nicht zusteht. Es sind dies kleine Fluchten, die man sich selbst gönnt, nicht für alle fordert. Wer die Freiheit jenseits des Erlaubten sucht, der kämpft nicht, nein, der duckt sich. Er handelt heimlich, nicht demonstrativ. Zumindest, wenn man ihn lässt.

Damals in Amsterdam mit all der Enttäuschung über die Stadt, in der das Kiffen erlaubt und das Schwarzfahren unmöglich war, nahm ich die S-Bahn weg von der Innenstadt, hin zu meiner Matratze im Kofferraum eines Kombis. Außer mir stieg an der Station nur ein junger Mann aus dem Zug, mit einem glühenden Joint in der Linken und einer halbvollen Whiskyflasche in der Rechten. Er torkelte sehr zielstrebig auf die Schleuse zu, die man ohne Fahrkarte nicht durchqueren konnte. Doch machte er keine Anstalten, ein Ticket hervorzuholen. Statt dessen hob er ein Bein und trat mit schwungvoller Drehung gegen die Sperre. Der Alarm schrillte los, aber die Tür war aufgebrochen, und er ging in aller Seelenruhe hindurch.

2024
zu Klampen Verlag
Röse 21 · D-31832 Springe
info@zuklampen.de · www.zuklampen.de

Reihenentwurf: Martin Z. Schröder, Berlin
Satz: textformart, Göttingen
Gesetzt aus Baskerville Ten
Druck: CPI – Clausen & Bosse, Leck

ISBN 978-3-98737-028-1

Bibliographische Information der
Deutschen Nationalbibliothek:
Die Deutsche Nationalbibliothek
verzeichnet diese Publikation in der
Deutschen Nationalbibliographie;
detaillierte bibliographische Daten
sind im Internet abrufbar:
http://dnb.d-nb.de